高等院校艺术学门类『十三五』规划教材

广告概论
GUANGGAO GAILUN

主 编　金秋月
副主编　栗启龙　赵 婷　董豆豆
参 编　于 淼　殷 辛　王 禹
　　　　王莲英　陈燕燕　单春晓

艺术设计 ARTDESIGN

华中科技大学出版社
http://www.hustp.com
中国·武汉

内 容 简 介

广告是现代社会生活不可缺少的一部分。本书力图使学生建立对广告专业内容及广告行业构成的了解与认识，激发其对专业学习的兴趣，培养其对广告学理论的认知与思考力，为专业学习奠定必要的理论基础。本书针对专业学习内容中有很多设计类课程的学生，结合广告设计平面作品和影视作品，按照广告实际运作的基本流程，阐述广告学基本理论知识，启发学生的思维，提高学生对广告的认知能力。

图书在版编目（CIP）数据

广告概论/金秋月主编. — 武汉：华中科技大学出版社，2015.4（2024.8重印）
高等院校艺术学门类"十三五"规划教材
ISBN 978-7-5680-0837-2

Ⅰ.①广…　Ⅱ.①金…　Ⅲ.①广告学—高等学校—教材　Ⅳ.①F713.80

中国版本图书馆 CIP 数据核字(2015)第 090735 号

广告概论　　　　　　　　　　　　　　　　　　　　金秋月　主编

策划编辑：彭中军
责任编辑：赵巧玲
封面设计：龙文装帧
责任校对：刘　竣
责任监印：张正林

出版发行：华中科技大学出版社（中国·武汉）　　电话：(027)81321913
　　　　　武汉市东湖新技术开发区华工科技园　　邮编：430223
录　　排：龙文装帧
印　　刷：广东虎彩云印刷有限公司
开　　本：880 mm×1230 mm　1/16
印　　张：8.25
字　　数：258千字
版　　次：2024年8月第1版第7次印刷
定　　价：39.00元

本书若有印装质量问题，请向出版社营销中心调换
全国免费服务热线：400-6679-118　竭诚为您服务
版权所有　侵权必究

目录

第一章 广告基础知识 /1

第一节 广告的概念 /2
第二节 广告的分类 /4
第三节 广告学的研究对象及研究方法 /7

第二章 广告的起源与发展 /11

第一节 古代广告 /12
第二节 近现代广告的发展 /14
第三节 现代广告的发展 /17

第三章 广告学与其他相关学科 /21

第一节 广告学与心理学 /22
第二节 广告学与市场营销学 /24
第三节 广告学与社会学 /26

第四章 现代广告业 /29

第一节 现代广告业的性质与任务 /30
第二节 广告在现代社会中的功能与作用 /31
第三节 现代广告对社会的影响 /34

第五章 广告基本原理 /39

第一节 广告定位理论 /40
第二节 USP 理论与整合营销传播 /45
第三节 4P 组合与 4C 组合 /50
第四节 五 W 理论与广告传播 /53
第五节 6W+6O 理论与消费者行为研究 /55
第六节 认知理论与广告心理研究 /58

第六章　广告运作规律　65

第一节　广告活动的一般规律　/66
第二节　广告公司的运作规律　/68
第三节　广告策划的主要内容和程序　/70

第七章　广告主体　75

第一节　广告组织　/76
第二节　广告代理制度　/79

第八章　广告信息　83

第一节　广告信息的构成与传播　/84
第二节　广告主题　/86
第三节　广告创意　/89
第四节　广告创意实施　/92

第九章　广告媒体　99

第一节　广告媒体概述　/100
第二节　媒体计划　/113

第十章　广告客体　117

第一节　广告客体概述　/118
第二节　广告与消费者行为　/120

参考文献　127

第一章

广告基础知识
GUANGGAO JICHU ZHISHI

第一节 广告的概念

一、广告溯源

随着生产力的发展,出现了商品生产和交换,广告随之发展,广告的概念也在不断地改变与深化。《周易》中记载,远在神农时代,就有"日中为市,集天下之民,聚天下之货,交易而退,各得其所"的情况。而据《周礼》记载,当时凡做交易都要"告于示"。世界文明古国埃及、古巴比伦、希腊、印度、罗马和中国,都较早地出现了与商品生产和商品交换相关的广告活动。

但"广告"作为一个舶来词在中文里出现,是近代的事情,含有"广泛宣告"的意思。较多的学者认为"广告"(Advertising)源于拉丁文 Adventure,有吸引人心或注意与诱导的意思。约在 1300 年到 1475 年期间,才演变为中古英语的 Advertise 一词,其含义为"一个人注意到某种事情",后来又演变为"引起别人注意,通知别人某件事"。直到 17 世纪末、18 世纪初,英国开始大规模的商业活动时,广告一词才开始广泛使用。日本人首次将 Advertising 译成"广告",在明治五年(1872 年)左右。直到明治二十年(1887 年)才被公认,得以流行。从"广告"一词的应用来看,中国、日本等东方国家对广告的认识要晚于西方国家。

二、历史上有代表性的广告概念

伴随着人类社会生活的发展,广告概念的内涵与外延在不断地丰富和发展、扩大和更新。仁者见仁、智者见智,对广告的定义也是众说纷纭,没有定论。现列举一些较有影响的说法。

1890 年以前,西方社会对广告较普遍认同的一种定义:广告是有关商品或服务的新闻。

1894 年,美国现代广告之父阿尔伯特·拉斯克认为,广告是印刷形态的推销手段。这个定义含有在推销中劝服的意思。

1948 年,美国市场营销协会定义委员会形成了一个有较大影响的定义:广告是由可确认的广告主,对其观念、商品或服务所作的任何方式付款的非人员性的陈述与推广。

美国广告主协会对广告的定义:广告是付费的大众传播,其最终目的为传递情报,改变人们对广告商品的态度,诱发其行动而使广告主得到利益。

《简明不列颠百科全书》对广告的定义:广告是传播信息的一种方式,其目的在于推销商品、劳务,影响舆论,博得政治支持,推进一种事业或引起刊登广告者所希望引起的其他反应。广告信息通过各种宣传工具,其中包括报纸、杂志、电视、广播、招贴海报及直邮等,传递给它想要吸引的观众或听众。广告不同于其他传递信息的形式,它必须由登广告者付给传播信息的媒体一定的费用。

上述这些广告定义都是特定历史时期的产物,为我们提供了对广告的不同角度的思考。但这些定义既有其合理性,又有其不足的一面,基本上是从狭义广告的角度来说明的,仅能反映广告某一方面的属性,不能完整而科学地反映广告的本质属性。

三、广告的定义

一般来说，广告有广义的与狭义的之分。现代广告的广义概念是与信息社会紧密相连的一个历史范畴，是维持与促进现代社会生存与发展的一种大众性的信息传播工具和手段。广义的广告，包括经济广告与非经济广告。经济广告又称商业广告，所登载的是有关促进商品或劳务销售的经济信息，尽管内容多样，表现手法不一，但都是为经济利益服务的。非经济广告，是指除了经济广告以外的各种广告，如各社会团体的公告、启事、声明、寻人广告、征婚启事等。

不同于普通消费者的判断标准，广告研究者提出了广告概念。这一概念来源于生活中广告形态的发展变化，是研究广告、学习广告、从事广告职业的基本出发点。

一是，所有的广告都是通过一定的媒介渠道，向受众传播一种特定的信息。这种信息是经过某种艺术处理过的信息。所以，"传播信息"应是所有广告共有的一个本质特征。

二是，广告不仅是传播商品信息、促进企业实现利润的营销手段之一，而且是不知不觉、潜移默化地影响社会生活的一个重要的信息源。它具有告知、诱导、教育、协调、娱乐等功能，渗透社会生活的各个方面，从而取得经济效益和社会效果。与其他类型的传播活动相比，广告是一种集说服性、高监控性、科学性与艺术性等特征于一体的公开、有偿的信息传播活动。

因此，通过对广告性质特征的分析，借鉴传播学和营销学等学科对广告定义的研究成果，可以这样定义现代广告的概念：现代广告，是指一种由广告主付出某种代价的，通过传播媒介将经过科学提炼和艺术加工的特定信息传达给目标受众，以达到改变或强化人们观念和行为为目的的、公开的、非面对面的信息传播活动。

这个定义以大众传播理论为基础，从广义广告的角度进行的概括，现代广告有以下几点主要特征。

(1) 强调了广告的本质特征是一种以公开的、非面对面的方式传达特定信息到目标受众的信息传播活动，而且这种特定信息是付出了某种代价的特定信息。广告必须有明确的广告主或称广告客户，它是广告行为的主体，是广告行为的法律负责人。这是广告与新闻等其他信息传播活动的不同之处。

(2) 明确了广告是一种通过科学策划和艺术创造将信息符号高度形象化的、带有科学性和艺术性特征的信息传播活动。

(3) 指出了传播媒介的重要作用。现代广告是非个人的传播行为，一定要借助某种传播媒介才能向非特定的目标受众广泛传达信息。这决定了它是一种公开的信息传播活动，也就决定了传播者必须置身于公众和社会的公开监督之下。

(4) 说明了广告是为了实现传播者的目标而带有较强自我展现特征的说服性信息传播活动，通过改变或强化人们的观念和行为，来达到其特定的传播效果。观念指的是思想、政治、文化等意识形态方面的信息，行为则包括了商品、服务、生活等消费形态方面的信息。

四、广告的构成要素

以大众传播理论为出发点，广告信息传播过程中的广告构成要素主要包括：广告信源、广告信息、广告媒介、广告信宿等。

1. 广告信源

广告信源也就是广告信息的传播者，主要指广告的制作者和经营者，如广告客户（广告主）、广告代理公司、广告制作公司、广告设计公司等。

广告的信源识别是一个特殊的范畴。一方面，广告主是广告活动的发动者，对广告活动起主导作用。广告主根据自身的需要或根据其市场营销环境及自身实力来确定对广告的投资，是广告信息传播费用的实际支付者。另一方面，广告代理公司、制作公司、设计公司等是广告文本信息的编码者，要有较高的专业水平，其广告创意和广告文本的设计制作要能够准确体现广告主的意图。这是广告信息传播取得成功的前提。广告经营者（广告代理商）特指专业从事经营的广告公司，是连接广告主和广告发布者的中间桥梁，是广告活动的重要主体之一。一般来说，广告制作者和广告代理公司不会被当作真正的信源，而它们所编码的广告信息内容如品牌、商品才被认为是信源。

2. 广告信息

广告信息或称为广告文本，是信源对某一观念或思想进行编码的结果，是对观念或思想的符号创造，是广告传播的核心。每条广告信息都包含着符号的能指和所指，即内容（说什么）和表现形式（怎么说）构成了内涵丰富的广告信息。

因广告信息的载体是符号，所以对符号的编码和译码的能力直接影响广告信息传播的效果，影响广告信宿对广告符号的理解和接受。在现实的广告信息传播过程中，因受众的社会、文化、心理等各方面的差异，造成广告符号无法被有效解码而影响广告的传播沟通效果。

3. 广告媒介

广告媒介是广告信息的传输渠道或通道，是将经过编码的信息传达给受众的载体，是广告的发布者。广告传播中的媒体选择必须考虑费用、产品特点、媒介性质等多方面的因素，而其中媒介到达目标受众或目标市场的能力是媒介选择的前提。不同的广告主会根据各自特定的市场营销状况来选择适合的媒介组合。

4. 广告信宿

广告信宿即为广告的目标受众，也就是广告信息所要到达的对象和目的地。正如美国消费行为学家威廉威尔姆说的"受众是实际决定传播活动能否成功的人"。受众是广告信息传播活动取得成功的决定因素。只有当受众将广告信息解码成对其有意义的信息时，传播才真正开始。

但同时，受众对广告信息的译码又具有不确定性。因为整个解码过程会受到诸如受众所处的信息背景、社会、文化、经济、心理等多种因素的影响和支配，并且与他们先前的全部生活经验相关。

受众是传播过程的主动参与者而非被动接受者，虽然可以通过调查等方式确定广告传播的目标对象，但受众在接受广告信息后是否采取相关行动也是难以预测和控制的。

第二节　广告的分类

根据不同的需要和标准，可以将广告划分为不同的类别。如在第一节中，按照广告的最终目的将广告分为商业广告和非商业广告；又如根据广告产品的生命周期划分，可以将广告分为产品导入期广告、产品成长期广告、产品成熟期广告、产品衰退期广告；或按照广告内容所涉及的领域将广告划分为经济广告、文化广告、社会广告等类别。不同的标准和角度有不同的分类方法，对广告类别的划分并没有绝对的界限，主要是为了提供一个切入的角度，以便更好地发挥广告的功效，更有效地制定广告策略，从而正确地选择和使用广告媒介。以下介绍一些较常运用到的广告类别。

一、按照广告诉求方式分类

广告的诉求方式就是广告的表现策略，即解决广告的表达方式的问题。它是广告所要传达的重点，包含着"对谁说"和"说什么"两个方面的内容。通过借用适当的广告表达方式来激发消费者的潜在需要，促使其产生相应的行为，以取得广告者所预期的效果。可以将广告分为理性诉求广告和感性诉求广告两大类。

1. 理性诉求广告

广告通常采用摆事实、讲道理的方式，通过向广告受众提供信息，展示或介绍有关的广告物，有理有据地进行论证接受该广告信息能带给他们的好处，使受众理性思考、权衡利弊后能被说服而最终采取行动。如家庭耐用品广告、房地产广告较多采用理性诉求方式。

2. 感性诉求广告

广告采用感性的表现形式，以人们的喜怒哀乐等情绪，以及亲情、友情、爱情、道德感、群体感等情感为基础，对受众诉之以情、动之以情，激发人们对真善美的向往并使之移情于广告物，从而在受众的心智中占有一席之地，使受众对广告物产生好感，最终发生相应的行为变化。如日用品广告、食品广告、公益广告等常采用这种感性诉求的方法。

二、按照广告媒介的使用分类

按广告媒介的物理性质进行分类是较常使用的一种广告分类方法。使用不同的媒介，广告就具有不同的特点。在实践中，选用何种媒介作为广告载体是确定广告媒介策略所要考虑的一个核心内容。传统的媒介划分是将传播性质、传播方式较接近的广告媒介归为一类。因此，一般有以下七类广告。

印刷媒介广告：也称为平面媒体广告，即刊登于报纸、杂志、招贴、宣传单、包装等媒介上的广告。杂志广告如图 1-1 所示，广告招贴如图 1-2 所示，包装广告如图 1-3 所示。

图 1-1　杂志广告

图 1-2　广告招贴

图 1-3　包装广告

电子媒介广告：以电子媒介，即广播、电视、电影等为传播载体的广告。

户外媒介广告：利用路牌、交通工具、霓虹灯等户外媒介所做的广告，还有利用热气球、飞艇甚至云层等作为媒介的空中广告。路牌广告如图 1-4 所示，交通工具广告如图 1-5 所示。

直邮广告：通过邮寄途径将传单、商品目录、订购单、产品信息等形式的广告直接传递给特定的组织或个人。

销售现场广告：又称为售点广告或 POP 广告，就是在商场或展销会等场所，通过实物展示、演示等方式进行广告信息的传播。有橱窗展示、商品陈列、模特表演、彩旗、条幅、展板等形式。橱窗广告如图 1-6 所示。

图 1-4　路牌广告　　　　图 1-5　交通工具广告　　　　图 1-6　橱窗广告

　　数字互联媒介广告：利用互联网作为传播载体的新兴广告形式之一，具有针对性、互动性强，传播范围广，反馈迅捷等特点，发展前景广阔。

　　其他媒介广告：利用新闻发布会、体育活动、年历、各种文娱活动等形式而做的广告。

　　以上这几种根据媒介来划分广告的方法较为传统。当今整合营销时代，是以整合营销传播的观点，针对目标受众的活动区域和范围，将广告分为：家中媒介广告，如报纸、电视、杂志、直邮等媒介形式的广告；途中媒介广告，如路牌、交通、霓虹灯等媒介形式的广告；购买地点媒介广告等。

三、按照广告目的分类

　　制订广告计划的前提是必须首先明确广告的目的，才能做到有的放矢。根据广告的目的确定广告的内容和广告的投放时机、广告所要采用的形式和媒介。按照广告的目的将广告分为产品广告、企业广告、品牌广告、观念广告等类别。

　　产品广告，又称商品广告。它是以促进产品的销售为目的，通过向目标受众介绍有关商品信息，突出商品的特性，以引起目标受众和潜在消费者的关注，力求产生直接和即时的广告效果，在人们的心目中留下美好的产品形象，从而为提高产品的市场占有率、最终实现企业的目标打好基础。

　　企业广告，又称企业形象广告。它是以树立企业形象，宣传企业理念，提高企业知名度为直接目的的广告。虽然企业广告的最终目的是为了实现利润，但它一般着眼于长远的营销目标和效果，侧重于传播企业的信念、宗旨或是企业的历史、发展状况、经营情况等信息，以改善和促进企业与公众的关系，增进企业的知名度和美誉度。它对产品的销售可能不会有立竿见影的效果。但由于企业声望的提高，使企业在公众心目中留下了美好的印象，对加速企业的发展具有其他类别的广告不具有的优势，是一种战略意义上的广告。企业广告具体还可以分为企业声誉广告、售后服务广告等类别。

　　品牌广告，是以树立产品的品牌形象，提高品牌的市场占有率为直接目的，突出传播品牌的个性以塑造品牌的良好形象的广告。品牌广告不直接介绍产品，而是以品牌作为传播的重心，从而为铺设经销渠道、促进该品牌下的产品的销售起到很好的配合作用。

　　观念广告，即企业对影响自身生存与发展的，并且也与公众的根本利益息息相关的问题发表看法，以引起公众和舆论的关注，最终达到影响政府立法或制定有利于本行业发展的政策与法规，或者是指以建立、改变某种消费观念和消费习惯的广告。观念广告有助于企业获得长远利益。

四、按照广告传播区域分类

　　根据营销目标和市场区域的不同，广告传播的范围也就有很大的不同。按照广告媒介的信息传播区域，可以将广告分为国际性广告、全国性广告和地区性广告等几类。

国际性广告，又称为全球性广告，是广告主为实现国际营销目标，通过国际跨国传播媒介或者国外目标市场的传播媒介策划实施的广告活动。它在媒介选择和广告的制作技巧上都较能针对目标市场的受众心理特点和需求，是争取国外消费者，使产品迅速进入国际市场和开拓国际市场必不可少的手段。

全国性广告，即面向全国受众而选择全国性的大众传播媒介的广告。这种广告的覆盖区域大，受众人数多，影响范围广，广告媒介费用高，较适用于地区差异小、通用性强、销量大的产品。因全国性广告的受众地域跨度大，广告应注意不同地区受众的接受特点。

地区性广告，多是为配合企业的市场营销策略而限定在某一地区传播的广告，可分为地方性广告和区域性广告。地方性广告又称零售广告，为了配合密集型市场营销策略的实施，广告多采用地方报纸、电台、电视台、路牌等地方性的传播媒介，来促使受众使用或购买其产品，常见于生活消费品的广告，以联合广告的形式，由企业和零售商店共同分担广告费用。其广告主一般为零售业、地产物业、服装业、地方工业等地方性企业。区域性广告是限定在国内一定区域，如华南区、华北区或是在某个省份开展的广告活动。开展区域性广告的产品往往是地区选择性或是区域性需求较强的产品，如加湿器、防滑用具、游泳器材等。它是差异性市场营销策略的一个组成部分。

五、按照广告的传播对象划分

各个不同的主体对象在商品的流通消费过程中所处的地位和发挥的作用是不同的。为配合企业的市场营销策略，广告信息的传播也就要针对不同的受众采用不同的策略。依据广告所指向的传播对象，可以将广告划分为工业企业广告、经销商广告、消费者广告、专业广告等类别。

工业企业广告，又可称为生产资料广告，主要是向工业企业传播有关原材料、机械器材、零配件等生产资料的信息，常在专业杂志或专用媒体上发布的广告。

经销商广告，是以经销商为传播对象的广告。它以获取大宗交易的订单为目的，向相关的进出口商、批发商、零售商、经销商提供样本、商品目录等商品信息，比较注重在专业贸易杂志上刊登广告。

消费者广告，其传播对象直接指向商品的最终消费者，是由商品生产者或是经销商向消费者传播其商品的广告。

专业广告，主要是针对职业团体或专业人士。由于这类人专业身份、社会地位的特殊性和权威性，对社会消费行为具有一定的影响力，是购买决策的倡议者、影响者和鼓动者，如医生、美容师、建筑设计人员等。此类广告多介绍专业产品，选择专业媒介发布。

总之，不同的广告分类方法具有不同的目的和出发点，但最终都取决于广告主的需要或是企业营销策略的需要。特别是对企业而言，广告是其市场营销的有力配合手段和工具，而且广告实践的发展也会使广告的分类不断地发展变化。广告分类是认识广告、充分发挥广告作用的一种方法。

第三节
广告学的研究对象及研究方法

一、广告学的研究对象

广告学是广告学科体系的核心和基础。它研究和探讨一切社会制度下所共有的、各种不同社会制度下所特有的广告活动及其发展规律。广告学作为一门独立的综合性科学，是经过人们长期实践，在经济学、市场学、心理学、社会学、美学等学科发展的基础上逐渐形成和发展起来的。随着广告学研究的日渐深入，在广告学研究的基础上发展起来的诸如广告心理学、广告设计学、新闻广告学、广告管理学、广告发展史等新的分支和新的学科也发展起来了。

广告学是什么性质的学科？它的研究对象和内容是什么？由于广告学的交叉性和综合性，人们对广告学研究的对象有不同的看法。

一种意见强调广告的科学性。认为广告是一门科学，不是艺术，是经济运行中传递信息不可缺少的要素。广告虽然也运用了艺术，但艺术只是广告活动的一种表现形式，是广告活动的手段。并且广告学是经过广大的广告科研人员与广告工作者的共同努力，总结了大量的广告活动的成功与失败的经验，运用先进的研究方法，借助现代科学的运算分析，通过对广告知识的系统整理、总结、提高，探索出广告活动的规律，形成广告原理，揭示了广告活动怎样促进商品销售的规律。因此广告学属于经济科学。

与此相对的另一种意见认为，广告学虽然是一种经济活动，但它深受各种社会因素的影响，是一门艺术，不是科学。广告的经济效益是很难测定的，同时在同等条件下刊登不同的广告，其经济效果也是不一样的。广告经济效益的因果关系不明显，有很大程度上的偶然性。如，一则报纸广告，究竟有多少人看，看了的人能记住多少内容，又有多少人是看了广告才去购买商品的，这些问题都难以测定。所以，广告活动缺乏规律性和科学性，广告只是通过各种艺术表现形式和造型，引起人们的注意和欣赏，从而传递经济信息，刺激人们的心理欲求。广告活动的效益是心理性和艺术性的。

还有一种看法是综合了以上两种意见，认为广告学是一门边缘学科。它的核心部分是经济科学，但它又与其他学科有密切的关系，如经济学、心理学、新闻学、市场学、企业管理学、社会学等社会科学，也涉及绘画、摄影、书法、音乐、戏剧、文学等艺术，在广告制作中也要具体运用物理学等自然科学的原理。广告学虽然是一门综合性的边缘学科，但它基本上是一门属于社会科学领域里的经济学科。它揭示了广告促进商品销售的规律，只要依据这些规律进行广告活动，就会收到最大的经济效益和心理效果。

以上三种对广告学研究对象的陈述，都具有一定的合理性，但也存在着明显的缺陷。前两种说法强调了广告学的独立性，但忽略了广告学的交叉性和综合性，后一种说法过于强调广告学与其他相关学科的联系，把广告学的研究对象与其他学科的研究对象搅在一起，实际上是否定了广告学的相对独立性，因此，对广告学研究对象的表述，既要从其多学科交叉的特点出发，又要注意保持广告学的相对独立性。因此，即使是边缘科学也应有独立的研究对象和特定的范围体系。

广告学是在许多边缘学科的基础上发展起来的一门综合性的独立的社会科学。它研究的是人类社会中大量存在的一种现象——信息传播现象，广告的本质不是经济性的，而是一种广泛的信息传达。广告实际上在做三件事：传播一种信息、提供一种服务、倡导一种理念。从传播学理论的角度来说，传播学的具体研究对象是包括广告在内的所有大众传播手段，传播学的许多理论也就完全适用于广告学的研究。无论是市场学中的广告，还是各种广告的艺术表现形式，都是在传达一种信息，都具备了信息传播过程的五要素：谁、通过什么媒介、对谁、说了什么、取得了什么效果。广告的信息传播包括：广告发布者（包括广告主、广告制作者和传播者，即信息源）、广告信息内容、广告媒介、广告受众、广告效果等要素。

广告学要解决的实际问题不是从经济优先的观点出发，而是从传播信息的立场出发，研究各种信息传播的过程、效果及其发展运动的规律，其侧重点在于经济、市场信息的传播规律。因此，广告活动和广告事业的产生与发展规律是广告学的研究对象。

现代广告学的研究视野已经从一个较为狭窄的领域走向更为开阔的空间，在"营销"和"传播"两个层面上开始对广告的功能和作用进行重新审视。20世纪90年代，舒尔兹等人提出了"整合营销传播"的新概念，在广告整体运作中，整合营销传播被广泛运用于广告实践，并被视为广告学理论体系的有机组成部分。在广告实践中，整合营销传播被描述为：企业或品牌通过发展与协调战略传播活动，使自己借助各种媒介或其他接触方式与员工、顾客、利益相关者以及普通公众建立建设性的关系，从而建立和加强与他们之间的互利关系过程。传播在这里成为营销组合中的一个驱动性力量。广告的营销特性和传播特性在广告的运作过程中实现了高度的统一。广告是一种营销传播活动，对广告的营销与传播的交互式双重理论研究建立了广告是营销传播的认识。

以广告活动和广告事业为研究对象的广告学，根据具体研究对象的不同，可分为理论广告学、历史广告学、应用广告学等三个广告学研究的分支，不同的分支有不同的研究内容。

理论广告学是运用科学方法，对广告活动中的根本性问题进行研究。如广告的概念，广告的分类，广告在社会和经济发展中的作用、地位，广告活动的基本规律、原则，广告研究的基本方法等。理论广告学的研究内容主要有广告活动与社会政治、经济、文化等的关系，广告者的关系，广告在社会和社会发展中的地位与作用等，其根本任务是揭示广告活动的最一般规律。作为广告学体系中具有指导意义的核心部分，理论广告学为广告活动和其他分支的广告学研究提供了理论基础。

历史广告学侧重于研究广告产生、发展以及广告事业变迁的规律。它的研究范围很广，内容主要有广告媒介发展史、广告组织发展史、广告设计制作风格（表现技法、工具等）演变史、广告学说史等。历史广告学的研究，可以揭示广告发展的历史规律，把握广告活动的发展趋势，从而指导、调整广告实践。

应用广告学是广告学的主体，以广告实践作为研究对象，旨在探讨和揭示广告在商品促销中的活动规律。现代广告业之所以能够得到迅速发展，就是因为它自觉地以应用广告学为指导，使广告活动日益科学化、规范化。应用广告学的研究内容是广告活动的业务规律和具体运作方式，如广告策划、广告设计、广告制作、广告管理等。作为一门应用性学科，广告学的理论研究最终要为广告实践服务，而应用广告学正体现了广告学研究的目的性，是贯穿于整个广告学的中心问题。

广告学的研究领域在不断拓宽，广告学本身也在发展和变化之中。通过了解传统广告学的研究视野和现代广告学的研究现状，就能大概认识广告学发展变化的规律和发展趋势。

二、广告学的研究方法

广告学的研究也有方法论的问题，只有以马克思主义的唯物论和辩证法为指导，进行科学的思维，才能在学科的创立和发展中取得应有的成果。

一是，广告学的研究必须做到理论与实践相结合。广告学是一门实践性很强的学科。广告学理论产生于广告实践，又服务于广告实践，必须从我国广告事业的实际出发，重视调查研究，详细搜集材料。

二是，广告学的研究必须采用案例分析的方法。案例研究是第二次世界大战后在美国兴起的一种社会科学的研究方法，相当于通常所说的典型调查材料。在当代的社会科学著作中，常常附以大量的案例研究材料。而广告学的实用性强，它重在寻求于实践中解决问题的方法和策略及其推广。通过对典型广告案例的分析研究，总结出一般的规律，给广告工作者以启发和借鉴，从而推动广告管理和广告水平的不断提高。

在建立一个完善的广告学科体系的过程中，还必须学会运用比较的方法。任何学科理论的建立，都有借鉴、继承和扬弃的过程，必须认真学习和借用一切有用的经验，包括西方发达国家在广告方面的先进技术和有益经验。通过对比分析研究，做到博采众长，融会贯通，推陈出新，在比较中丰富和发展广告学。

第二章

广告的起源与发展

GUANGGAO DE QIYUAN YU FAZHAN

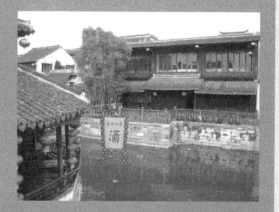

第一节 古代广告

一、古代中国的广告

社会广告是一个较为宽泛的概念,早于商品广告产生。在原始社会主要以文化广告的形式出现,在奴隶社会及以后时期则表现为政治广告、军事广告和文化广告三种主要形态。据历史学家吴晗考证,周朝时候"周民中一部分会做买卖的商人,即殷遗民",就是当时专门从事商品交换的商人。有了商品交换,就有了市场的形成,社会上就形成了一些交易中心。早在奴隶社会以前,中国就已经出现了市场交易,于是广告也就作为商品交换中必不可少的宣传工具而发展起来了。古代广告的形式主要有以下几种。

1. 口头广告

口头广告又称叫卖,是最原始、最简单,也是至今仍最常见的广告形式。

2. 实物广告

实物广告是原始广告的形式之一,靠陈列商品样式来招徕顾客,至今仍是商业广告中的最基本形式。《晏子春秋》中记载:"君使服之于内,而禁之于外,犹悬牛首于门,而卖马肉于内也。"晏子是春秋时期齐国的宰相,引文含有"要使臣民从内心信服,要表里如一"的意思,但客观上也反映了当时曾经将牛头陈列于门首以招徕顾客的情况,是以实物作为幌子的广告的历史记载。

3. 标记广告

标记广告是另一种古老的广告形式之一。最初,在产品上刻上铭文、年号是为了表示私有权和纪念、装饰。随着生产的分工和商品交换的扩大,这些铭文、年号开始成为产品生产者的标记。春秋出土的文物中,发现在不少民间手工业者制作的陶器、漆器和绢绣等产品的上面,刻有"某记"的字样。如果这些物品拿到市场上交换,那么这些文字就兼有实物广告和文字商标的职能。

4. 旗帜广告

用旗帜做广告,以酒旗最多,这种旗帜又称幌子。

随着封建经济的发展,广告的形式和技术都有了很大的发展。战国到隋朝年间,出现了悬帜广告(见图2-1)、悬物广告(见图2-2)等形式。战国末年的韩非子在《外储说右上》有一段记载:"宋人有沽酒者,升概甚平,遇客甚谨,为酒甚美,悬帜甚高。"

5. 悬物广告

商店在门前悬挂与其经营特征有关的物品,如山货野味,或习惯性标识,如灯笼,作为广告。这样的情况顺手还可举数例,如中药店前的药葫芦、铁匠铺的锄头、镰刀等。汉代的悬物广告比较流行。它是在店铺门前悬挂与经营范围有关的物品或习惯性标识,起到招牌的作用。

图 2-1 悬帜广告

图 2-2 悬物广告

6. 彩楼广告

彩楼的实质是商店的门面装潢，使商店的装饰门面别具一格，便于人们识别，起到招牌广告的作用。彩楼广告如图 2-3 所示。

7. 印刷广告

印刷广告是古代广告中比较先进的一种广告形式。我国现存最早的印刷广告是北宋庆历年间，济南刘家针铺的广告铜板，如图 2-4 所示。铜板四寸见方，上面雕刻有"济南刘家功夫针铺"的字样，中间是白兔抱铁杵捣药的图案，在图案的左右各有四字："认门前白兔儿为记。"在铜板的下半部刻有说明商品质地和销售办法的文字：收买上等钢条，造功夫细针，不误宅院使用；客转为贩，别有加饶。请记白。整个版面图文并茂，白兔捣药相当于店铺的标识，广告化的文字宣传突出了针的质量和售卖方法。这副广告既可以做针铺的包装纸，又可以做广告招贴，都起到广告宣传的作用。这块广告铜版比公认为世界上最早的印刷广告——1473 年英国的第一个出版商威廉·凯克斯顿为宣传宗教内容的书籍而印刷的广告还要早三四百年。

图 2-3 彩楼广告

图 2-4 济南刘家针铺的广告铜板

二、古代巴比伦、埃及的广告

早在公元前 3000—公元前 2000 年，古代巴比伦已经有了楔形文字，并能用苇子、骨头、木棍等物在潮湿的黏土版上刻文字，然后晒干成为瓦片保存起来，其中记载着国王修筑神殿、战胜碑以及国王的丰功伟绩等。这些虽然不是纯粹的广告，但由此可以推断那时可能已经产生了宣传商品的文字广告。

与此同时,另一个文明古国埃及已经出现了文字广告。据历史研究证明,世界上最早的文字广告,是现存于英国博物馆中写在沙草纸上的,埃及尼罗河畔的古城底比斯的文物——公元前 1550—公元前 1080 年的遗物,距今已有 3000 多年的历史。文物记载了一名奴隶主悬赏缉拿逃跑的奴隶的广告,同时奴隶主也为自己做了广告。内容如下。

奴仆谢姆(Sham)从织布店主人处逃走,坦诚善良的市民们,请协助按布告所说的将其带回。他身高 5 英尺(1 英尺 =0.3048 米)2 寸(1 寸 ≈3.33 厘米),面红目褐,有告知其下落者,奉送金环一只;将其带回店者,愿奉送金环一副。

——能按您的愿望织出最好布料的织布师哈布

这则广告是手抄的"广告传单"。古埃及也专门雇叫卖的人在码头叫喊商船到岸的时间。船主还雇人穿上前后都写有商船到岸时间和船内装载货物名称的背心,让他们在街上来回走动。据 F.普勒斯利的说法,夹身广告员就是在那时开始的。

三、古代希腊、古罗马的广告

古代希腊、古罗马时期,沿海的商业比较发达,广告已有叫卖、陈列、音响、诗歌和招牌等多种形式。在内容上既有推销商品的广告,又有文艺演出、寻人启事等社会服务广告,甚至还有政治竞选广告。

第二节 近现代广告的发展

一、以英国为中心的欧洲近现代广告

近现代广告的发展是以英美为中心的。我国的印刷术传入西方后,德国人古登堡创造了铅活字印刷,提高了印刷的质量和速度,成为近代广告变革中最重要的因素。过去西方书籍都用手抄在皮革上,所以读书写字的权利垄断在少数统治阶级的手中。纸张和印刷术的发明和应用,使文化传播往大众化方向发展有了具体的物质技术手段的保证。古登堡的铅活字印刷得到了广泛的应用以后,为印刷广告的发展提供了条件,使人类广告活动由原始古代的口头、招牌、文字广告传播进入印刷广告的时代。

1473 年,英国一个出版人威廉·凯克斯顿印制了推销宗教书籍的广告,贴在伦敦街头。这标志着西方印刷品广告的开端。广告内容如下。

倘任何人,不论教内或教外人士,愿意取得使用于桑斯伯来大教堂的仪式书籍,而其所用字体又与本广告所使用者相同,请移驾至西斯敏特附近购买,价格低廉,出售处有盾形标记,自上至下有一条红色纵贯为标识。

这则广告被大多数广告专家认定为现存最早的印刷广告,目前在英国还保存了两张。

在印刷广告之外,13—14 世纪的欧洲出现了最早的报纸雏形"新闻信"。其内容是报道市场行情和商品信息。这种新闻信息实际上就是一种商业广告。到了 15—16 世纪,在地中海沿岸的威尼斯出现了最早的手抄报纸,上面

提供了一些商业与交通信息。这些都已初步具备了报纸广告的模式。

16世纪以后，欧洲经历了文艺复兴的洗礼和工业革命的风暴，资本主义经济得到了进一步的发展，德、英、美、法等经济发达国家陆续出现了定期印刷报刊。报刊使广告的影响大为扩大，头脑机敏的商人很快发现并开始大力使用这一最佳广告媒介。

1609年，德国出版了世界最早的定期印刷报纸《报道式新闻报道》。1622年英国托马斯·阿切尔创办了《每周新闻》，并在报纸上刊登书籍广告。这被学者认为是世界上最早的报纸广告。1631年法国最早的印刷周报《报纸》出版，世界上最早的报纸广告究竟从何时在何地出现，目前尚有争议。有的认为最早的报纸广告是1625年英国的《信使报》刊载的一则图书出版广告。有的认为是1650年英国《新闻周报》在"国会诉讼程序"里登载的"寻马悬赏启事"，这被认为是世界上第一篇真正的报纸广告。1666年，《伦敦报》正式在报纸开辟了广告专栏，这是第一个报纸广告专栏，各报纸竞相效仿，报纸广告从此占据了报纸的一席之地，并成为报纸的重要经济来源。

除了报纸广告之外，这一时期，杂志广告也开始出现。1731年，英国书商凯夫在伦敦创办了《绅士杂志》，内容从文学到政治无所不包，并第一次采用"Magazine"作为刊名。这是世界上最早的杂志。

除了报纸、杂志广告以外，还出现了类似广告代理的机构，是1610年詹姆斯一世让两个骑士建立的。1612年，在法国J.雷纳德创立了名为"高格德尔"广告代理店。

在印刷术使用的初期，世界广告兴起的中心在英国。广告业的发展使英国政府加强了对广告的管理，于1712年对报馆开征了广告特税，无论广告大小，见报便收3个先令6便士。这并没有影响当时广告的大量增加。《泰晤士报》在1800年平均每天刊登100则广告，到了1840年增加到400则。18世纪中期，英国及欧洲其他国家已经出现一批广告画家，在周刊报纸上不断出现插图广告。广告代理商也是17世纪在英国首先出现的。1729年富兰克林在美国创办了《宾夕法尼亚时报》，并兼出版商、编辑、广告作家和广告经纪人于一身。

到了19世纪，由于美国的崛起，广告中心便逐步转移到了美国，广告也向现代广告转化。

二、中国近现代广告

随着帝国主义的军事侵略，西方资本主义国家展开了对中国的经济和文化的侵略。外国资本和商品大量涌入，客观上促进了我国工商业的发展。而大批商人、政客、传教士、冒险家的到来，不仅给中国带来了各种各样的商品，而且带来了西式的报馆，而"广告"一词也正是在这时候传入我国的。现代形式的报纸在中国的出现，客观上促进了中国广告向现代形态的演进。可以说，中国现代意义上的广告起始于鸦片战争以后报纸在中国的开始。

第一批近代中文报纸是在鸦片战争前后由外国传教士办的教会报纸。其宗旨主要在于阐发基督教义，商业色彩不浓，只刊登不多的广告。1815年8月，英国传教士在马来西亚创办了《察世俗每月统计传》，这是最早刊登广告的定期中文刊物。鸦片战争以后，外国人在中国的办报活动日益增多。到19世纪末，外国人来华创办的中外文报刊近200家。其中在中国广告发展史上具有特殊意义的或者有代表性的报纸有《遐迩贯珍》《孖剌报》《申报》《新闻报》等。1858年，由外商首先在香港创办了《孖剌报》，增出了中文版的《中外新闻》，最早刊登商业广告。1861年后，《孖剌报》成为专门刊登船期、物价的广告报。在《孖剌报》之后，一些报刊相继开辟了广告专栏，其中，《申报》和《新闻报》在广告经营方面具有一定的代表性。

从19世纪50年代开始，在香港、广州、汉口、福州等地，陆续出现了中国人自己办的近代报刊。1858年，创办于香港的《中外新报》是第一份中国人主办的现代报纸；1874年1月5日，王韬在香港创办的《循环日报》是近代中国出版时间最长、影响最大的报纸。到1922年，我国的中外文报纸达到1100多种。报纸广告的广泛出现，标识着中国广告开始进入现代阶段。

随着报刊的分工，杂志开始走上独立发展之路。这其中杂志广告为刊物提供了独立与发展的经费。《生活周刊》《东方杂志》《妇女杂志》等在读者中影响较大，它们都刊登较大篇幅的广告。

图 2-5　月份牌广告

1923 年 1 月 23 日，美国人奥斯邦在上海与《大陆报》报馆合作创办了我国境内第一座广播电台，在节目中插播的广告是中国最早的广播广告。1926 年，由中国人创办的第一座广播电台——哈尔滨广播电台开始广播。

除了报刊广告和广播广告之外，也出现了许多其他形式的广告。1917 年 10 月 20 日开业的上海先施百货公司制作了我国最早的橱窗广告。1927 年，上海开始出现霓虹灯广告。最早的霓虹灯广告安装在上海大世界屋顶。这一时期，车身广告、月份牌广告（见图 2-5）、日历广告等都已经出现了。1936 年，上海《新闻报》把写着"新闻报发行量最多，欢迎客选"的广告条幅用气球放入空中。这是我国首次出现的空中广告。

19 世纪下半叶开始，专门从事广告经营活动的广告公司和广告专业人员应运而生，广告业在中国诞生了。我国早期的报馆广告代理人是做拉广告生意兼卖报纸的，后来逐渐演变为专业的广告代理人，单纯以给报馆、杂志拉广告为业。广告代理人开始只是为报馆承揽广告业务，收取佣金。后来，随着报馆广告业务的不断扩大，报馆内设立广告部，广告代理人逐步演变为报馆广告部的正式雇员。而专业广告制作业务的广告社和广告公司也开始在中国出现。

中国最早的专业广告公司是以外商在华设立的广告公司为开端的。1915 年意大利贝美在上海设立了贝美广告公司；1918 年，美国人克劳在上海开设了克劳广告公司；英国人美灵登 1912 年在上海成立了美灵登广告公司。在中国人自己开办的广告公司中，规模较大的有成立于 1926 年的华商广告公司和成立于 1930 年的联合广告公司。广告公司的兴起是我国广告发展史上的一个里程碑。

随着广告业的发展，广告教育也开始出现，广告专业书籍也不断问世。1918 年 10 月，北京大学成立了新闻学研究会。该研究会把"新闻纸之广告"作为研究和教学的一项内容。1918 年 6 月，商务印书馆出版了甘永龙编译的《广告须知》。1919 年徐宝璜先生出版了《新闻学》一书，书中将"新闻纸之广告"作为一章进行了专门的论述。1927 年，戈公振先生的《中国报学史》出版。该书以丰富的史料系统地论述了广告的发展历史。

三、近代广告向现代广告的过渡

专业广告公司开始兴起，标识着广告向现代的过渡。近代广告向现代广告过渡的表现有以下三个方面。

（一）专业广告公司的产生

1841 年，伏而尼·帕尔默在美国费城开办了第一家广告代理公司，并自称是"报纸广告代理人"，从而宣告了广告代理业的诞生。他开始只是为客户购买报纸广告版面，广告文字、设计工作仍由报刊承担，并从中抽取 25% 的酬金。由于这项工作有助于增加报纸的收入和提高报纸本身的效率，广告代理工作受到报业的欢迎。1865 年，乔治·路维尔在波士顿成立了一个划时代的广告代理店公司——广告批发代理，开展出卖版面的业务，成为今日广告公司的前身。路维尔更于 1869 年，发行美国新闻年鉴，公开发表全美 5411 家报纸和加拿大 367 家报纸的估计发行份数，因此对版面价值有了评价的标准。从此，广告代理公司脱离了报社的代表身份而获得了独立存在的地位。

1869 年，美国的 Ayer & Son 广告公司在费城成立。它具有现代广告公司的基本特征。其经营重点从单纯为报纸推销版面转到为客户服务。该公司站在客户的立场上，向报社讨价还价，帮助客户制定广告策略与制订广告计划，撰写广告文字，设计广告版面，测定广告效果，受到客户的欢迎，推动了广告公司的发展。

（二）广告新技术的应用

近代广告在发展中的另一个重要表现是新技术在广告领域的应用，使广告的形式多样化起来。

1853年，在摄影技术发明不到几年的时间里，纽约的《每日论坛报》第一次采用照片为一家帽子店做广告。从此，摄影图片成了广告的重要表现手段。美国第一家最大规模的服装店的创始人约翰·瓦纳把一百英尺长的大招牌悬挂在宾夕法尼亚州到费城的铁路线上，并采用气球、宣传车和实物馈赠的方式作为广告的手段。1891年，可口可乐公司在投产5年后就开始用挂历做广告。这是世界上最早的挂历广告。可口可乐广告挂历自从进入人们的生活开始，就成为人们生活中不可缺少的物件，这个传统一直延续了100多年。

1910年夏末，在巴黎举行了一次国际汽车展览会，展览会的正门是用荧光灯管装饰起来的，美丽的彩色灯光令人大为惊奇。一年后，在巴黎蒙马特林荫大道的时装店里，安装了第一个霓虹灯广告招牌。这个招牌是用弯曲成字母形状的荧光灯制作的，霓虹灯广告从此风行世界。

（三）广告理论和广告管理的发展

19世纪末，西方已经有人开始进行广告理论研究。1874年，H.Sampson写作《广告的历史》一书。1898年，美国的E.S路易斯提出了AIDA法则，认为一个广告要取得预期的效果，必须能够达到引起注意（attention）、产生兴趣（interest）、引起欲望（desire）和促成行动（action）的效果。后来有人对AIDA法则加以补充，增加了可信（conviction）、记忆（memory）和满意（satisfaction）这几项内容。1900年，美国学者略洛·盖尔在多年的调查研究的基础上写作了《广告心理学》一书。1903年，美国西北大学校长、心理学家瓦尔特·狄尔·斯柯特写作了《广告学原理》一书，这些都为广告学的建立奠定了基础。可见，广告已经逐渐成为一门学科。

第三节 现代广告的发展

一、以美国为中心的现代广告

现代广告的发展形成了世界十大广告市场，依次是美国、日本、德国、英国、法国、意大利、巴西、西班牙、加拿大和韩国。

美国是世界上广告业最发达的国家，也是近代广告的发源地。从1841年诞生第一家广告公司到现在，美国的广告公司已有150多年的历史。世界最大的广告公司排名次，美国均名列前茅。杨·罗比肯广告公司是美国最大的一家广告公司，也是世界最大的广告公司之一。纽约是公认的世界广告中心之一，著名的麦迪逊大街集中了10多家大型的美国广告公司，是美国广告业的象征。

美国广告的发展是从近代报纸开始的。1704年4月24日，美国第一份刊登广告的报纸《波士顿新闻通讯》创刊，刊登了一则向广告商推荐报纸的广告，其内容是关于报纸的发行量的问题。美国新闻界人士把这一条广告称之为推销信息的"盲广告"。尽管如此，美国的广告在报纸上迈出了第一步。1729年，被称为美国广告业之父的本杰明·富兰克林创办了《宾夕法尼亚日报》。在创刊号的第一版，刊登的是一则推销肥皂的广告，取代了新闻的重要版面。此广告由富兰克林亲自制作，标题巨大，四周有相当大的空白，开创了报纸广告应用艺术手法的先例。1864年，有位传记作家曾评论说，必须承认是本杰明·富兰克林创立了现代广告系统。

南北战争后，美国的重大政治制度问题得以解决，经济发展的速度直线上升。通讯业的各项发明（电报的完善、海底电缆的铺设、新式印刷机的普及、打字机和造纸术的改进、照相制版的应用、电话的发明）接踵而来，报刊的广告营业额已经占全美广告经营额的 3/4。报刊成为一种利润丰厚的行业，有些报纸竟然拿出 3/4 的版面刊登广告，企业对广告宣传也日益重视。

美国企业的广告观念已经相当成熟。可口可乐诞生后的百年广告史是一个明显的例证。可口可乐百年的兴盛与其各个时期成功的广告战略密不可分。1886 年，可口可乐刚试产时，一年只有 50 美元的销售额，却拿出 46 美元做广告。到 1892 年正式成立公司时，年销售额只有 5 万美元，而广告费就有 1.14 万美元。可口可乐一直坚持在广告中不对产品做任何夸张的说明，而只表现使人愉快的场景。早期的可口可乐大多以年轻漂亮的女孩做模特，总是出现在月历、托盘以及一些杂志上。广告中说，没有什么比健康、美丽、富有魅力和充满温柔的女性形象更能使人联想起可口可乐了。自从电视广告出现以后，可口可乐广告似乎成了青少年的王国。广告中总是以一群年轻漂亮、体格健美的青少年在尽情玩耍的场景为特征，口号是"这就是可口可乐"。这种氛围将人们带到一个美好的世界。可口可乐公司百年广告哲学是："广告必须是高级的，必须由社会看起来感到快乐、爽快。广告必须表现出我们公司内外都是被人爱好的态度，这就是我们实际上所做的广告。"

19 世纪末 20 世纪初，垄断资本主义在美国逐渐形成。1900—1903 年世界性的资本主义经济危机的爆发使大批的商品出现了"过剩"的问题，企业的经营观念从生产导向型转向销售导向型。企业开始关注消费者和市场，广告业在此形势下日益兴盛起来。

20 世纪 20 年代是美国广告大发展的年代。一些现代化通信传播手段应用于广告业，使广告业获得了空前的发展。美国商业广播电台创始于 1920 年，1922 年电台开播广告业务。1926 年，出现了全国性的广播网以后，广播广告便盛极一时。1941 年美国创建了电视台，第二次世界大战后，电视业发展迅速。20 世纪 50 年代以后美国首创彩色电视，使电视广告成为影响面最大的广告手段，从而突破了印刷媒介一统天下的格局。随着广播、电视、电影、录像、卫星通信、电子计算机等电信设备的发明创造以及光导纤维技术的运用，广告传播实现现代化。而广告公司的广告经营活动向着全面智能型、能向广告客户提供全面服务的现代广告代理业过渡，推动了一些大型广告公司不断产生。1923 年，美国最大的广告公司——杨·罗比肯广告公司创办。该公司利用一切可能得到的媒介，为消费品制造业和消费服务业提供全面的服务。20 世纪最初的 20 年里，伴随广告业的繁荣，出现了种种欺骗和虚假的广告宣传，引起了公众对广告的指责。这使美国的广告业进入了一个反省的阶段。由美国广告联合会的前身美国联合广告俱乐部，领导了一场为广告的真实性和道德性而斗争的运动，主要是反对假药的改革运动。1911 年这个联合会为广告制定了道德法规，并且提出了"广告就是事实"的口号。广告行业的杂志《印刷者油墨》制定了一套法规，即是后来著名的"印刷油墨法规"。1945 年，该法规经过修改后被 27 个州确定为广告法，并被另外 17 个州部分地采用。30 年代经济大萧条时期的美国，保护消费者利益的组织纷纷兴起，对工商业的不法买卖行为和欺骗性的广告进行了监督和揭露，向消费者提供公正的情报。这对提高广告的真实性和准确性起到了积极的作用。

在第二次世界大战时期广告主要是为战争服务。美国广告发展中，在广告观念、广告手法和经营方式上不断地进行革新，促使广告经营向现代化方向迈进。20 世纪 20—30 年代兴起市场调查研究热潮，帮助广告客户劝诱购买、施展推销术；20 世纪 40—50 年代，则在广告主题上大做文章，USP 策略被广泛推广；到了 20 世纪 60—70 年代进入为产品定位、为企业树立形象的"形象广告时代"；20 世纪 80 年代以后，随着电子媒介的飞速发展与普及，计算机设计广告、广告策划、广告战略的运用，广告活动普遍走向整体化。进入 20 世纪 90 年代，整合营销传播成为一种新的趋势。

二、日本现代广告的发展

日本是目前世界上仅次于美国的第二大广告国。

1870 年，日本最早的日报《横滨每日新闻》创刊，《读卖新闻》《朝日新闻》分别创刊于 1874 年和 1879 年。

这些初创的报纸都刊载有广告。1884年,日本最早的广告代理店"弘报堂"成立,直属于《时事新报》。到1895年前后,日本的广告代理公司共有150家。这些广告公司开业之初,都曾经刊出过开业的报纸广告。博报堂成立于1895年10月,它最先是从杂志广告业务开始,然后才向报纸广告发展,迄今已有一百多年的历史,是日本著名的广告公司。另一个著名的广告公司——电通广告公司是在1901年7月1日开业的,后来发展为日本乃至世界最著名的广告公司之一。

据日本广告主协会做的调查显示,在日本报纸是最值得信赖的广告媒体。另据日本电视网一项调查表明,人们将电视更多的看作是娱乐商品。据1997年10月的一项调查,报纸系统网站的信息内容可信度高达87.5%,广告内容可信度达到78.4%。可见广告在日本国民生活中起到了重要的信息作用。

东京列于世界十大广告城市,排名在美国纽约之后,英国伦敦之前,居世界第二位。著名的广告公司有电通、博报堂,皆在世界十大广告公司或者广告集团之列。

三、中国现代广告

1949年,中华人民共和国成立以后,政府对广告业进行了整顿,广告业得到了一定程度的恢复和发展。到了1953年,中国开始实行计划经济,广告业退出了当时的经济活动。1978年12月,党中央召开了十一届三中全会,提出了"对外开放和对内搞活经济"的政策,社会主义商品经济得以迅速发展,广告业也开始恢复。1979年,被称为中国广告"元年"。1979年1月28日,上海电视台播出了我国第一条电视广告——参桂补酒。1979年3月15日,上海电视台播出我国第一条外商电视广告——瑞士雷达表。1980年1月1日,中央人民广播电台播出建台以来第一条商业广告。

中国广告业的发展大致可以划分为三个时期:1979—1982年是中国现代广告业的恢复期,1983—1994年是中国广告业的发展期,1995年至今是中国广告业的成熟期。

从1979年广告市场重建以来,在恢复期和发展期中国广告业的发展经历了低起点、高速度的发展形态,形成了众多而力量分散的广告公司,而媒体在整个广告产业结构中处于核心和强势地位。由于中国媒介的特殊体制属性,以及政府行政管制赋予媒介的广告资源的垄断性经营,造成了在发展期内媒体的核心和强势地位。

从企业的角度来看,中国广告业在这一时期是"黄金时期"。只要做广告就一定有钱赚,"大媒体、大投入、大产出"是广告主的主要思路。广告价格上涨,大制作、高密度投放的地毯式轰炸盛行,这一时期的广告基本上是有效的。

中国广告业自恢复以来,取得了瞩目的成就,形成了一定的行业规模和分工比较细致的齐全的门类。在服务质量方面,由为客户提供简单的广告时间、版面,逐步转向以广告创意为中心,以全面策划为主导的全方位优质服务,广告运作水准和专业化程度普遍提高。在广告教育和人才培养方面,初步建立了院校专业教育、行业管理机关职业教育以及社会培训等多层次、立体化的人才培养体系。同时,在广告学研究领域,积极实践广告理论的本土化,出版了许多理论联系实际、国际规范与本土实情相结合的广告学专业书籍和杂志。在广告管理方面,除了《广告管理条例》和各级政府的广告管理办法之外,1994年10月还颁布了《中华人民共和国广告法》,形成了中国广告协会以及各省市级广告协会等广告行业组织,对规范和促进广告业的发展起到了重要的作用。

第三章
广告学与其他相关学科
GUANGGAOXUE YU QITA XIANGGUAN XUEKE

第一节 广告学与心理学

一、广告学与心理学的关系

心理学是一门古老的学科，广告学的形成离不开心理学。心理学是研究人的一般心理现象和心理规律的科学。人的心理活动可以概括为心理过程和个性心理两大方面。心理活动过程又分为认识活动过程与意向活动过程。各种心理活动在每个人身上的表现又各有不同，因此又形成不同的兴趣爱好、气质能力和性格，这就是个性心理特征。广告活动是一种视听活动，就是通过视觉和听觉刺激引起人们的心理感应，而消费者的心理历程与广告活动的成功与否密切相关。要提高广告效果，实现广告目标，就要使广告符合人的心理活动规律。从这个角度来看，广告学可以说是研究消费者心理活动及其变化规律的科学。广告如何与消费者的心理活动发生交互作用，是广告学与心理学的交互点。

广告学借鉴了大量心理学的研究方法和心理学的理论。20世纪50年代，在广告业发展的过程中，心理学家几乎被看成决定商品生存的主宰者。因为广告主认为，心理学可以帮助揭开消费者购买动机的秘密。于是各种心理学的方法与理论被用来分析消费者的需求与动机、注意与记忆、态度与决策，观察法、实验法、心理测评法等心理学的研究方法也大量运用到广告研究中。

心理学是一门渗透力极强的学科，目前它已广泛渗透一切实用性或非实用性学科之中。广告学与心理学的交叉渗透形成了一门新的学科——广告心理学。广告心理学是广告学的一个组成部分，同时也是心理学所涉及的内容。它是运用心理学的一般知识来解决广告活动中的心理问题的科学。广告的传播者希望广告发挥效果，希望更多的人购买其商品或劳务。这正是广告心理学所要探讨的问题。广告心理学就是探索广告活动与消费者相互作用过程中产生的心理学现象及其存在的心理规律的科学。

广告学与心理学尽管是互相渗透和影响的学科，但它们作为不同领域与层次的学科，其区别也是十分明显的。就对心理活动的关注而言，尽管心理学和广告学都关注人的心理活动，但它们的关注有不同的角度和侧重点。心理学研究的是人的最一般的带普遍性的心理特点，而广告学则只研究广告活动中人的心理问题，因此二者在范围上就有不同。广告心理学有不同于一般心理学的独特性。

广告学要真正成为一门独立学科，向纵深发展，将不得不借鉴心理学提倡实证的学科的研究方法。

二、心理学在广告中的运用

1. 刺激反应原理

刺激反应原理是心理学中的一个基本原理。它强调人的心理活动过程是由客观世界的刺激引起人们心理活动反应的过程。它主要是由外在的客体刺激因素，内在的主体个人因素，以及社会环境的影响因素三个部分所组成。它们三者之间是相互联系不可分割的有机体。任何有目的的广告活动也都是通过这三者有机体的结合而实现的。广告信息，通过文字、图案、画面、音响等刺激因素来刺激和影响在一定家庭、阶层、团体和文化状况等社会背景下的、具有一定需求、兴趣、信念等心理特征的个人，引起其认识、购买等一系列心理反应，如摩托罗拉手机广告（见图3-1至图3-3），即是通过广告人物形象的设定来影响目标受众的。因此，刺激反映原理不但是心理学中的基本原理，而且是广告心理活动的根本原理。

图3-1　摩托罗拉手机广告1

图3-2　摩托罗拉手机广告2

图3-3　摩托罗拉手机广告3

2. 异质性原理

异质性原理是指当一个人受到某种刺激物的突如其来的刺激，使正常的视觉或听觉一时失去平衡时，人的感性细胞就会发生物理性的变化，从而在感觉中留下特别深刻的印象。广告活动特别重视运用心理学中的注意规律来提高广告的宣传效果，并认为广告能否引起人们的注意是一个广告能否成功的关键。而异质性原理正是扩大广告注意值的基本原理。广告中的画面、文字、音响、色彩、大小、强弱、位置等的变化，可以引起人们各种不同的新鲜感觉、特异感觉，给人们留下深刻的印象，提高人们的注意值，这就是异质性原理的应用。图3-4和图3-5中，重复与特异创意方法的使用，强化了广告产品，使受众能够将关注点集中在产品上。

图3-4　雀巢咖啡广告

图3-5　Lenor广告

3. 弗洛伊德的需求理论

弗洛伊德的需求理论认为，形成人们行为的真正心理因素大多数是无意识的，也是不可预见的。同时人类也有很多欲望受到抑制，有很多需求与生俱来，天生就具备通过某种方式获得满足的本领，因而需要广告去加强其欲望和需求。广告不能诱导人们购买他们本来不需要的东西。许多广告未能成功地说服消费者购买其产品，其原因就在于没有切中消费者的潜在需要。需求人人都有，在现代文明社会里，即使最原始的生理需要、安全需要也被社会化、文化化了，广告只有针对目标受众的需求才能实现其预期的效果。

4. 时尚的原理

所谓时尚，根据社会心理学的观点，是指在社会生活中或大众内部产生的一种非常规的行为模式的流行现象。从众心理是时尚产生的心理影响。生活在社会中的个体，他们的思想、行为有时是不由自主的，往往会受到团体和其他成员等外来因素的作用和影响。这种因素会成为无形的压力。广告中对时尚文化的宣扬正是顺应了人们的这种心理。同时，广告与时尚还有着互动作用：时尚所涵盖的一切都有可能转化成广告传播的题材；而广告以其强有力的传播力度极易造成流行时尚。

第二节 广告学与市场营销学

一、广告学与市场营销学的关系

广告活动和市场营销都是商品经济发展到了一定程度的产物。作为一门学科，广告学的建立，也是市场经济发展的结果。市场营销学是在19世纪末20世纪初，资本主义经济迅速发展时期创建的，广告学也在这一时期兴起。从一开始，这两门学科就紧密地结合在一起，相互影响，密不可分。研究广告学，需要从市场营销的角度去审视、深入；研究市场营销学，又必须考虑广告的原理和运用。

从研究内容上来看，它们同属于经济范畴。市场营销是个人和群体通过创造并同他人交换产品和价值，以满足需求和欲望的一种社会化管理过程。涉及需要、欲望和需求，产品、效用、交换、交易和关系，市场、市场营销和市场营销者等核心概念。而这些概念对广告活动的理论和实务也是至关重要的。广告是一种信息传播活动，但它的起点和落点都是在经济领域，传递什么样的信息内容以及如何进行传播，需要研究市场，了解营销环境，研究消费者，从满足消费者的需要和欲望出发，也需要研究产品，应适应不同的市场环境，制定相应的广告策略，争取较好的传播效果。研究广告学，离不开对市场营销理论的应用。

广告和市场营销是企业经营管理的重要组成部分。由于市场竞争的加剧，企业要有更多的发展机会，必须以消费者为中心，重视市场，重视销售。市场营销在现代化大生产中的地位越来越重要，而促进销售是市场营销组合中的重要环节。特别是整合营销传播理论的提出，要求各种促销策略的整合，进行综合信息交流，广告活动则是其中的重要手段和方式。对企业生产来说，市场营销的中心任务是完成产品销售。广告是为了实现市场营销目标而开展的活动，通过信息传播，在目标市场内沟通企业与消费者之间的联系，改善企业形象，促进产品销售。广告策略要服从市场营销策略，作为营销活动的先导，在市场营销的总体目标下发挥作用，实际上二者之间体现了一种整体与局部的关系。

从广告活动和市场营销活动的最终目的来看，二者也是一致的。市场营销可以理解为与市场有关的人类活动，即以满足人类的各种需要、欲望和需求为目的的，通过市场把潜在交换变为现实交换的活动。广告也可以看成是针对消费者的需要和欲望，刺激消费热情，调动潜在消费意识，最终促成购买行动的传播活动。因此，市场营销的有关原理对把握认识广告的基本理论和运作方式是很有帮助的。要学好广告学,有必要了解市场营销学方面的知识,特别是一些经典理论和最新理论的应用。

二、市场学理论在广告中的运用

1. 市场细分与广告定位

市场细分是在实际操作中确定"目标市场"和明确"广告对象"经常采取的方法。所谓市场细分,就是调查、分析不同消费者在需求、资源、地理位置、购买习惯等方面的差别,然后把基本特征相同的消费者归入一类,使整体市场变成若干"细分市场"。最早的市场细分是根据性别、年龄、职业、收入等人口统计学的分类指标进行划分的。而随着市场情况日益复杂,又加上了心理特征、生活态度和生活方式等高级的分类指标。

市场细分是定位的基础,没有市场细分就不可能有广告定位。产品定位是企业在经营过程中,为适应消费者的不同需求,在市场细分化的基础上,努力使产品差别化,从而在消费者心目中占据位置、留下印象的新的营销方法。广告定位的含义是广泛的,定位是对潜在顾客心智所下的功夫,其目的是为了能在潜在顾客心中得到有利的定位。进行市场细分和产品定位,是企业实施营销战略的组成部分。广告定位策略则是为了配合企业的市场营销战略。广告定位也就是通过广告的沟通,使企业、产品、品牌在消费者心中确定位置的一种方法。

2. 产品生命周期与广告策略

这一理论尽管并无新意,但却是在广告实践活动中成功策划的前提和基础。产品生命的概念和具体划分在本书有关的章节中已经提到。产品生命周期是指产品进入市场,经历发展、衰退直至被市场淘汰的全部持续时间。对广告活动来说,产品生命周期的概念之所以重要,是因为:广告主可以根据产品不同的生命周期调整可控制广告费的投入。在导入期,广告费的投入最大;进入成长期,广告投入稍稍减少;进入成熟期后,广告投入再度增加;直到衰退期,广告投入逐步减少。

根据产品生命周期的不同阶段,可以把握广告的不同作用。在产品导入期,广告的作用是告知产品功能,打开知名度。进入成长期和成熟期,广告主要为"差别化战略"和产品的"多样化战略"服务。而在衰退期,广告的作用主要是减少损失,确保品牌形象,为新产品的上市打下基础。

产品生命周期理论最集中体现了广告与市场营销之间不可分割的关系,体现了广告是营销的一部分。

3. 整合营销传播与广告传播

菲利普·科特勒曾说过:在营销学的发展史中,每十年就产生一些新概念。毫无疑问,每一次营销理念的更新都会推动广告理论的前进。从4Ps到4Cs,广告理念经历了从以产品为中心到以消费者为中心的嬗变。整合营销传播理论是在20世纪90年代初首先在美国出现的。20世纪90年代中期开始陆续被引进我国。

整合营销传播以消费者为中心,重在与传播对象的沟通。整合营销传播的目的就是影响特定受众的行为,建立品牌与消费者之间稳固、双向的联系。强调各种传播手段和方法的一体化运用。广告、公关、促销、CI、包装、新媒体等,都是传播信息的工具。但要注意进行最佳的组合,发挥整体效应,使消费者在不同的场合以不同的方式,接触同一主题的内容的信息。

整合营销传播的理念强化了广告是营销的一部分的观念,并且广告传播作为营销传播的一部分,不仅其自身要始终坚持以一个声音说话,而且要与整体的营销理念保持一致。不论采用何种形式、何种媒体,都要统一,使消费者接触的信息单一、明晰。这使得广告传播进入一个系统化的时代,那种靠狂轰滥炸的广告和几句假大空的呐喊就想要征服消费者的时代已经一去不复返了。

第三节 广告学与社会学

一、广告学与社会学的关系

社会学是从变动着的社会系统的整体出发,通过人们的社会关系和社会行为来研究社会的结构、功能、发生、发展规律的一门综合性的社会科学。社会学研究的领域涉及社会生活的群体单位,如家庭、团体、城镇、民族等,涉及社会的各种制度,如政治制度、法律制度、经济制度、宗教制度、教育制度等,涉及社会各种活动变化的过程,如社会冲突,社会舆论的沟通、形成和变化,社会价值观念的变动,社会组合或社会一体化等,涉及各种现实的社会问题及其解决办法,如婚姻问题、就业问题、人口问题、移民问题、社会生态问题等。

广告活动是一种综合性信息的传播活动。它不仅传递商品信息,而且搜集和传递各种政治信息、经济信息、社会信息与文化信息等。因此,如果从广义的广告活动来看,广告可以说是一种大众性的社会信息传播活动。作为研究广告活动及其发展变化规律的广告学,就必然与社会学有不解之缘。如果从狭义的广告活动来看,商业广告活动和经济广告活动,也必须以广大的社会为背景,以特定的社会制度、社会文化、社会生活习惯与民族风俗等为依据,才能制作出符合社会条件的广告作品。因此,社会学的基本原理与规律,也必然是指导广告理论研究与实践活动的基本原理与依据。

社会学总是把它的研究对象作为一个整体来分析,它认为任何脱离整体的个体都是不存在的。社会学认为人是社会的基本构成因素,但是人与人总是通过相互关系而从事活动的,人的个性心理特征的形成与发展,也总是由其所处的社会环境及人们之间的相互关系所决定的。社会学研究的整体性原理,对广告活动的研究具有指导意义。经济广告的研究对象,尤其是生活资料商品的消费对象主要是个人。但是如果仅把广告宣传对象作为一个与社会环境毫无联系的个体来对待,那么就有许多消费心理与消费行为不可理解,因为消费心理是由其所处的社会团体、社会阶层、社会文化与民族习俗等决定的。只有运用社会学的整体原理,从社会这个整体角度出发来研究广告活动的现象,才能找到广告活动本质的特有规律。绝对伏特加的平面广告作品善于结合目标受众所处的文化环境、艺术氛围进行创意(见图3-6至图3-8)。

图3-6 绝对伏特加广告——绝对北京

图 3-7 绝对伏特加广告——绝对巴黎

图 3-8 绝对伏特加广告——绝对罗马

二、社会学原理在广告中的运用

1. 参照群体

群体是指在追求共同的目标或兴趣中相互依赖的两个或两个以上的人。个人的行为会受到各种群体的影响。对个人的态度和行为有直接或间接影响的所有群体即为参照群体。参照群体可分为直接参照群体和是间接参照群体。直接参照群体是某人所属的群体或与其有直接关系的群体,又可分为首要群体和次要群体。首要群体是与个人直接、经常接触的群体,如家庭成员、亲朋、同事、邻居等,一般为非正式群体。另外,宗教组织、职业协会等对其成员影响很小则为次要群体。人们处于不同的社会群体之中,将受其制约而形成不同的消费观念和购买行为。

在参照群体中,还有个人期望归属的群体,这就是向往群体。如歌星、影星、体育明星、权威人士等,都会对消费者个体产生较大的影响。这正是名人广告经久不衰的重要原因。但除了向往群体,还有一种是个人讨厌或反对、拒绝认同的群体,称之为厌恶群体。一般来说,一个人总是不愿意与厌恶群体发生任何关联,在各方面都希望与之保持一定的距离,当然对与此有关的品牌和商品也不会接受。广告传播也要注意这一现象,避免目标受众产生反感和排斥心理。

参照群体能够展示新的行为模式和生活方式,对某些事物、某些产品的态度和看法等方面对消费者产生影响。铂金首饰广告,选择了张曼玉作为形象代言人(见图3-9和图3-10),提出了"喜欢做女人"的广告语,以此来影响消费者对产品的看法。参照群体还会形成个人的压力,促使人们的行为趋向一致化,在产品、品牌等的实际选择上发挥作用。因此,对消费者行为进行分析,要能准确地判断目标消费者的参照群体,还要从中能够发现生活在社会各个阶层的、在不同方面的观念指导者,有重点地与他们进行沟通和交流,使参照群体能发挥更大的影响。

图3-9 铂金品牌形象广告1

图3-10 铂金品牌形象广告2

2. 家庭

家庭介于社会和个人之间,家庭包容了个人,组成一个消费体。家庭成员是最具影响的首要群体。更重要的是,很多商品是以家庭为购买单位的。因此,在广告策划时,对现有家庭的模式和影响消费的诸种情况,都要做深入的探讨和研究。

一般来说,家庭有一个成长周期,从组成家庭到户主病老死亡,经过单身、新婚、空巢、鳏寡就业和鳏寡退休等阶段。在每一个阶段,其家庭的特点不同。尤其是现代家庭结构发生了一些新的变化。传统家庭结构的解体,核心家庭和丁克家庭的出现,都使消费观念发生新的变化。企业的营销经常把目标市场确定在某一阶段的家庭群体上,从广告的角度来说,也需要准确定位,把握机会。

3. 亚文化

文化是人类在社会发展过程中所创造的物质财富和精神财富的总和,是人类创造社会历史的发展水平、程度和质量的状态。现代社会是一个多元化社会，多元化分工带来多元职业文化，多元利益关系带来多元价值观。因此，现代社会必然存在丰富的亚文化现象。现代生活方式的多元化也使亚文化的现象到处存在。每一个复杂的社会都包含着许多亚文化，社会成员常常是在一个以上的亚文化中发挥作用。反过来，社会成员一生也会经历许多种亚文化。

如果说文化因素对消费者行为有着广泛而深远的影响，那么亚文化对消费者行为的影响更为明显。亚文化为定位的实现提供了更多的渠道，也增加了其实现的难度。亚文化的分类不同于一般意义上按照政治及经济地位区分的社会分层。亚文化群既包括宗教、民族和地域等的群体，又包括按性别划分的男性和女性群体，以及按年龄划分的青少年、中年、老年等群体。这些群体都有可能形成他们独特的亚文化。广告的诉求如果能够契合其目标受众的亚文化特质，引起其目标群体的共鸣，则能够更好地传达其产品的信息。反之，如果不了解其目标受众的亚文化特质，不了解某个亚文化群特有的符号系统，则很难得到目标受众的认可。

在这些亚文化群中，值得一提的是女性群体和青少年群体。因为广告诉求对象中女性和青少年这两个群体占据很大比例。青少年群体中往往会形成与主流文化不重合的亚文化。如何准确地把握和表现某些亚文化的特质，打动这些目标消费者，仍是值得探讨的命题。针对青少年群体的广告营销不胜枚举，但广告效果往往不尽如人意。原因自然很多，无论是创意的问题，还是表现形式的问题，根本的一点在于广告中所再现的亚文化氛围与目标受众真正的亚文化特质难以吻合。这样的广告很难真正打动那些富有个性的"上帝"。而中国移动推出的"动感地带"这一品牌则成功地提炼了青少年群体中的亚文化特质，将"短信文化"这一独特的流行文化表现深入目标群体之心。尽管业界对它的营销方式有种种微词，但其广告创意却值得称道，其创意也与青少年群体的亚文化群体密切相关，如图3-11至图3-13所示。

图3-11 动感地带广告招贴1

图3-12 动感地带广告招贴2

图3-13 动感地带广告招贴3

第四章
现代广告业
XIANDAI GUANGGAOYE

第一节 现代广告业的性质与任务

一般认为,美国内战后不久,现代广告开始出现。随着科学技术的进步,大众传媒的发展,以及信息革命在全球范围的爆发,最终加速和促进了广告的产业化进程,使广告成为独立的现代信息服务业。

一、现代广告业的性质

广告作为现代产业,从其归属上来看,属于第三产业中的服务业。在广告传播的过程中,广告公司通过广告代理服务收取服务费,即广告主付费委托广告公司实施传播推广,广告公司通过市场调查分析、策划、制作表现、广告发布、效果评估这一系列服务行为力求达成广告主的目的。这一过程具有明显的服务性行业的一般特征。

通常人们习惯于把广告分为商业广告和非商业广告。当然,现代广告业的主要内容是商业广告,即经济广告或营利性广告。在商业广告中,各种企业、经济单位或集团、个人委托广告代理公司进行广告传播,其目的在于促进商品或劳务销售。非商业广告一般包括政治广告和公益广告。政治广告推介的是政治观点、政治主张或政治人物;公益广告推介的是有利于人类社会的道德观念、行为规范和思想意识,以维护社会公众利益为目的。无论是商业广告还是非商业广告,广告活动从本质而言,是一种特殊的大众传播活动。它最终是想改变或强化人们的观念和行为,而广告经营主体正是通过这种代理服务,达到广告主意想中的改变。

广告作为服务性产业,不同于单纯的一般的劳务服务。广告活动是信息传播活动,广告的服务形式是提供经过市场调研和分析之后的战略规划或某具体策划方案。这种方案本身的价值是难以评定的,有赖于方案执行结果对广告主的利益的影响表现,而该执行过程却又充满了与营销的其他各个环节之间的交互影响。另外,由于商业传播的重复性和广泛性,使得广告信息无处不及,广告信息传播对社会的影响也在其中自然生成。所以,广告服务所产生的效益非常复杂,往往涉及经济效益和社会效益多个层面。同时,作为信息传播活动,在整个广告运动过程中,由市场调查分析、策划、制作表现、广告发布、效果评估等环节形成了一个严密、完整的复杂信息运动过程。在这个复杂的信息运动过程中,往往具有科学化与艺术交错的特点。

广告业属于知识密集、人才密集、技术密集的三密集型产业。广告业利用自身三密集优势,通过广告经营的活动形式,提供一种高智力、高技术的服务。这是广告业区别于第三产业中的一般性服务行业和经营活动的又一重要特点。

从传统的信息服务业逐渐发展为现代信息产业,广告产业近年来的规模不断扩大,水平不断提高。随着人类进入信息化的新世纪,广告产业因其信息服务的特点,将在新的社会形态中扮演日益重要的角色。

二、现代广告业的任务

现代广告的产生与发展历经兴衰沉浮。如今,它已经基本上在全球范围内受到社会各个层面的认可,形成了系统与规范。人们普遍认为现代广告的任务应该是有效的促进销售。站在企业家的立场来看,广告首先是促销的一种手段,是企业的一种投资行为,而不是艺术家的个性作品,也不是学者的理论实践。用广告大师奥格威的经典名言来说："我们的目的是销售，否则便不是做广告。"评价广告优劣的标准主要是广告成本投入对经济效益产出的贡献程度，即最好的广告将是以最少的广告投入达到最大的效益产出。尽管有人抱怨以销售为目标的广告创作限制了"创意"，限制了他们的"真正"的"创意"。但是，许多广告名家都在经验范围内体会到：广告创意虽然具有艺术创造的一切品格，而广告人却没有"纯艺术家"的那种潇洒与超脱。"纯艺术家"可以天马行空、独来独往地表现自我，可以曲高和寡，甚至孤芳自赏。广告人却不许这样，广告不仅要叫好，更重要的是要叫座。

当然，近些年来，随着一些广告的泛滥，一些有识之士认为现代广告还应在商业属性和社会属性之间获得平衡。这种平衡通常被描述为注重广告商业行为的合理性，但又克服纯商业行为的缺陷，寻求广告商业行为和人文精神的交汇。这种交汇既非常重视广告促进销售的作用，非常关切广告主的利润回报，又相当重视广告对人们消费生活的引领，相当关注消费者的整体利益。由广告开创的消费生活在当代必须更为关注人文精神的引领及深层次的拓展，比如涉及人性、人生价值、人生意义等一系列问题，这些问题必然指向人类生存境遇的终极关怀。如果消费者满意和终极关怀融合，就既能使企业在赢得顾客、赢得市场、赢得利润的同时，又能使消费者生活达到人性化的境界。商业行为与人文精神是人类生存活动形成的两种观念、方式和价值体系。商业行为以利润增长为准绳，人文精神以人性导向为主旨。从根本上来说，人文精神从合乎人性内在的固有尺度出发。商业行为与人文精神既对峙又交融，现代广告应该在两者的平衡上做出应有的努力。

第二节
广告在现代社会中的功能与作用

一、广告的功能

广告的功能是指广告运动为达成广告目标所表现出来的作用和效率。广告是一种独具特质的信息传播活动，信息传递是广告的基本功能。

信息传播作为广告的基本功能，依其负载信息内容的不同又具有不同的信息传播功能。广告主要有商业广告与非商业广告两大类型。商业广告是指为推销商品或服务以获取利益的商业性质的广告，具有商业信息的传播功能。非商业广告则是为了达到某种目的的非营利广告，包括党政宣言、政府公告、宗教声明、文化通知、教育启事、市政措施、社会救济等所谓社会广告和以取得公众对社会组织的信赖为主要目的的公关广告，具有非商业信息传播的功能。商业信息的传播是广告信息传播的主体，也是广告学研究的主要对象。非商业信息的传播则在广告信息传播中相对处于次要地位，以观念信息传播为主。

广告作为营销的工具和手段，是人们对广告的一种基本认识。广告的营销功能，应视为广告与生俱来的本质功能。

在告知性功能的基础上，现代广告业的发展又加入了劝服和诱导的因素，既有产品功能的劝服和诱导，又包括品牌和形象的劝服和诱导，但其终极目标是指向商品的销售。由于广告传播劝服和诱导因素的加入，广告更具有了刺激消费、诱导消费以增加产品的使用量和流通量的营销功能。

二、广告的作用

现代化的社会大生产具有巨大的能量，足以生产数额巨大的商品。同时，由于现代运输技术的发展和国际合作的广泛开展，使流通领域变得广大。正是由于这种社会化大生产所带来的巨大数量的商品生产和销售，产品日新月异，市场竞争异常激烈。由于现代市场的这些特点，要加速商品的社会化大生产的全过程，就必须充分地利用有效的广告传播，迅速准确地把商品信息及时传播到广大消费者当中，使大量的产品能够快捷地从生产、流通转入消费。因此，现代广告业是密切联系生产和消费的桥梁，是市场营销的重要组成部分，也是社会化分工中必不可少的行业。

与此同时，广告是一门错综复杂的视听艺术，在传播经济信息发挥经济宣传功能的同时，也以其艺术魅力对社会产生潜移默化的熏陶作用；广告作为一种大众传播的工具和手段，既具有经济效益，又具有社会效益。具体来说，广告的作用有以下几点。

1. 宏观上沟通产供销，加速流通，促进经济发展

广告信息的传播，沟通了经济活动中的诸如供应、生产、销售、消费等各个环节，使之成为一个有机的整体，更好地发挥了社会效益和经济效益，从宏观上有力地促进了国民经济整体和谐的发展。有了广告，生产与销售更加融洽、贴切、配合默契，产品更多地得以出售，消费更好地得以满足，生产也更大地得以发展。在市场经济的条件下，没有广告来传递信息，整个经济就像茫茫大海中没有航标的船。盲目生产、盲目销售，就不可能有市场经济的完善和繁荣。无数经济事实证明，广告是产、供、销之间强有力的纽带，是市场经济发达与成熟的标识之一。对消费者而言，广告引导刺激需求、满足消费者需求。

在认知心理模式中，引起注意或知晓是购买产品的前提，只有接触到了广告传播的信息并引起注意，才有可能激发购买兴趣和购买欲望。特别是在现代商品市场中，由于科学技术的突飞猛进，新产品日新月异，商品种类繁多，各类商品的功能各异。同时，许多商品都分散在各个商业网点，消费者迫切需要了解商品的性能和产、供、销的情况。广告通过对商品信息的有效传播，向消费者介绍商品的厂牌、商标、性能、规格、用途特点、价格，以及如何使用、保养和各项商业服务措施。这实际上是在帮助消费者提高对商品的认识程度，指导消费者如何购买商品。尤其是新上市的产品，广告的消费指导尤为重要。

首先，广告向消费者提供丰富的信息，引导、刺激消费者的需求。在现代社会中，科技突飞猛进，新产品日新月异，面对茫茫的商品海洋，消费者往往眼花缭乱，显得无所适从。因而广告通过商品信息的传播，向消费者介绍商品的品牌、商标、性能、用途、特点、价格以及如何使用、保养等。这实际上是帮助消费者提高对产品的认知度，指导消费者如何购买商品和使用商品，从而刺激消费者潜在的购买欲望。在广告发达的地方，广告深入生活，影响生活，许多流行性商品的出现，是与广告的宣传分不开的。

其次，广告能改变消费观念和消费心理，影响消费结构和消费行为。人们的消费观念和消费行为在某种意义上讲是学习的结果，这种学习促进了人们消费观念与行为的变化与发展。广告通过反复的品牌介绍，尤其对商品质量的介绍，增加了人们对某一类商品的认知程度，从而产生认品牌的消费行为。广告还具有示范和诱导的功用，通过对产品功能的演示和使用示范，对消费者进行诱导。示范会诱导需求，会改变观念，从而带来消费结构与消费行为的变化。这也是广告说服效果形成的原因之一。

最后，广告是消费者进行消费决策的重要参谋。广告所提供的信息，是消费者进行消费决策的重要依据。现在有什么商品、在什么地方卖、什么价格等，都是消费者决策时不可缺少的信息。消费者在做出决策时，往往需要从各种途径了解商品的性能、质量、价格等，从而完成购买决策。这也决定了广告创作时应着实了解消费者做出消费决策时最关切的问题进行广告诉求，以帮助消费者做出正确的消费决策。

2. 对广告主而言，广告是企业营销的重要手段，广告推动整个企业的运行发展

从目前广告发展的状况来看，它在企业生存和发展中起着举足轻重的作用。广告为企业提供市场信息。通过广告可以了解同行业生产与发展的状况、价格情况、市场情况和竞争对手的多种信息，以及市场资源情况等，为企业决策和计划提供依据。

广告会使企业更深刻、及时地感受到外部的压力，对企业加快产品的更新换代、增加花色品种，以及对新技术的认识和采用有促进意义。广告能有效地提高企业的市场意识，并能推动企业在各个方面完善经营管理。广告对企业的产品和劳务销售诸方面起着举足轻重的作用。

首先，广告对企业维持现有市场占有率和扩大市场占有率起着关键的作用。广告发展到今天，消费者一般都愿意以较高的价格购买已知名的商品，而不愿意购买从未在广告上出现的商品。普通消费者认为，广告会为商品质量好坏负部分责任，而进行广告的厂家至少在某些方面表现出自信和具有一定的经济实力。有一项研究表明，在经济不景气时继续广告或增加广告的企业，平均在2～3年后增加了82%的销售量，而删减广告的企业平均只增加了45%的销售量。

其次，广告促进和支援了企业的人员推销。广告可以弥补个人信誉与威信有限的弊端。广告的一个重要特点，就是可以借助媒介的威信来提高自身的威信。这是一种光环效应。我国的电视台、电台、报纸是党和政府的喉舌，具有权威性。在上面做广告，商品的品位和可信性都得到相应的确认和提高。企业的促销可以充分借助这一特点。自1995年以来，中央电视台黄金段位广告竞标连连爆出惊人新闻，众多企业不惜代价以几千万之巨购买中央电视台的黄金段位，除了看中中央电视台的传播功能外，重要的一点就是中央电视台无可比拟的权威性。广告还可以作为人员推销中的说明与说服材料。并且，广告传播的速度和范围远远超出了人员推销，它可以成为人员推销的"先行官"。广告通过详细介绍产品、劳务的有关资料，采用一切有效的手段刺激消费者，直接促进产品的销售。

再次，广告对推销企业积压商品有一定的作用。商品积压一般有两种情况：一种称之为"死积压"，即一种商品绝对没有人要了；另外一种是相对积压，因某种原因造成的积压。在这种情况下，由于空间与时间原因形成的积压是最常见的现象之一。利用广告有时可以缓解这种积压，即所谓一个广告救活一家企业。

最后，广告有助于企业形象的建立。在现代市场经济的环境中，"形象"在企业经营中的地位和作用越来越重要，形象已成为企业生存发展的支柱之一，是企业的无形资产。好的企业形象创造消费信心，树立公众的精神信仰，为企业营造适宜的外部经营环境。广告通过持续的传播，可以在消费者心目中提高知名度和美誉度，通过宣传企业独特的经营观念、经营宗旨、经营风格及企业的象征物，既告诉公众，又教育职工，有利于企业形成独特的企业文化。这一切都有利于企业良好形象的树立。

现在也有人认为，由于广告在市场竞争中的作用越来越大，必然造成中小企业最终被挤出市场，从而减少了竞争而加强了垄断。有很多中小企业认为，自己即使倾家荡产做广告也不及大企业广告费的零头，似乎广告对中小企业已无作用。这种观念是不完全正确的。广告的成功受多方面因素的制约，并非广告费用越高广告就越成功，即使大公司广告投入高，它也不可能垄断所有媒介。中小企业由于市场狭小，在局部地区取得广告量上的优势并不难。并且，一个企业要在竞争中取得优势，要靠整体营销战略和策略。广告不能在企业营销中占据重要位置，只是营销成功的一个重要因素，并不能起到万能的作用。

3. 广告在社会文化建设方面的作用

广告是一门错综复杂的视听艺术。广告在传播经济信息发挥经济宣传功能的同时，也以其艺术魅力对社会产生潜移默化的影响；广告作为一种大众传播的工具和手段，既具有经济效益，又具有社会效益。它不仅可以为经济宣传服务，而且可以为政治宣传服务。

首先，广告美化社会环境、丰富人们的文化生活。当广告路牌与雄伟独特的建筑连在一起的时候，当美丽多彩的霓虹灯与一座城市的古老文明结合在一起的时候，当一些显得单调贫乏的围墙建筑物被大幅广告绘画装饰一新的时候，当印有美丽广告图案的服装时髦的时候……这一切都归功于广告。广告已成为现代文明的一部分，成为国家安定、人民康乐、经济繁荣的象征。

其次，广告传播高尚观念，培养人们正确的生活方式和美好的情操。广告所宣传的有助于社会发展的观念和行为方式，可以对社会产生有益的影响。尤其是公益广告，鞭挞社会的丑恶行为，弘扬高尚的人格情操。可以说，融思想性、科学性和艺术性为一体的高质量广告，对推动精神文明建设，培养人们正确的生活方式和道德观念起着独到的作用。

再次，广告传播政策信息，协助政府工作。广告在政府工作中起着独特的作用。广告用简明生动的语言向大众解释政府的某项政策，使这项决策更加迅速地家喻户晓、深入人心。应该说，在进行这种政策性的政治宣传方面，广告具有许多形式所不能代替的特殊优势。它来得快、覆盖面广，又能反复不断强化，从而发挥了强大的政治宣传作用。在西方的政治生活中，广告还是其政治选举活动中无可替代的有力武器。

最后，广告推动大众传播事业的发展。大众传播事业是现代社会的"眼耳舌喉"，作为现代社会的"五官"，人们通过它感受整个世界的变化和发展，也通过它使整个世界联系在一起。大众传播事业的发展是社会文明进步的标识之一。广告通过大众传播媒体获得利益，促进推动了大众传播事业的发展。

三、广告作用的两重性

广告作为一种从属于上层建筑的社会现象，既反映着社会，又反作用于整个社会。积极的、健康的广告，对社会产生着良好的影响，促进社会的进步，而消极的庸俗的广告则对社会产生不良的影响，不利于良好社会风气的形成。

广告的基本功能是传递信息。消费者可以通过广告获得有益的资讯、开阔视野。广告的本质功能是促销，使广告与生俱来具备功利倾向，将人们导入商品世界促成购买行为。这种导向，由于各方面的因素（如社会消费心理的不成熟）极易产生偏差，而导致人们对商品的盲目崇拜。在广告表现中，为强调商品的作用，往往设计一些离奇的情节，渲染一种生活离不了的商品观念。这种功利的宣传，容易造成这样一种生活方式：人生活得是否有价值，主要看其拥有什么商品，而不在于其创造了什么。这种表现，易助长享乐主义的滋生。

著名美籍德国哲学家赫伯特·马尔库塞在《单向度的人》一书中说，现在的大多数需要，诸如休息、娱乐，按广告宣传来处世和消费，爱和恨别人之所爱和所恨，都属于虚假的需要这一范畴之列。许多广告批评家把广告的"消费控制"作为罪魁祸首。消费控制是指产品起着思想灌输和操纵的作用，通过大众传媒包括广告等形式，无孔不入地侵入人们的闲暇时间，在很大程度上产生了人们的虚假需求。这种虚假需求是外部强加于个人身上，"爱和恨别人之所爱和所恨"。这种虚假需求导致了人们"似乎是为商品而生活，小轿车、高清晰电视、错层式住宅仿佛成了人们生活的灵魂。"马尔库塞所描绘的"为商品而生活"的情况发展到今天，不但没有得到有效的遏制，反而越演越烈了。

广告作用的两重性，不仅仅是广告本身的问题。因为广告的操纵者是社会成员，广告所反映的只是社会成员的观念和行为，而社会成员又生活在更为复杂的社会经济政治背景当中。由于广告传播的重复性和广泛性，广告对社会的影响非常巨大。必须对广告作用的两重性予以足够的重视，发挥积极的一面，克服消极的一面，以利于社会的和谐发展。

第三节
现代广告对社会的影响

一、广告对产品价值的影响

为什么有人只选择可口可乐而不喝其他牌子的饮料？为什么有些人偏爱耐克鞋？做过广告的产品功能是否比

较好？未必见得。但广告可以在消费者的心目中增加产品的价值。

20世纪60年代中期，动机研究之父、著名心理学家恩勒斯特狄切特说，产品的形象，部分是由广告塑造的，部分是由促销塑造的，它应该是产品本身固有的特质。随后的调查表明，虽然广告有时无法直接言明产品的品质，但其传递的有利形象却可以暗示出产品的品质，使产品更符合消费者的理想，进而增加产品的价值。这就是人们为什么宁肯多付钱购买名牌，而不是购买其他在身边的没有做过广告的产品——尽管从品质上讲，它们功效相同。

广告可以增加产品的价值，因而有利于消费者和广告主的自身利益，又由于广告能提高卖主的营业额，因而可以增强竞争，这也有利于消费者的利益。例如，"统一企业"在推出冷藏杯装咖啡时，曾翻阅法国针对160个美国观光客的调查：什么是巴黎最迷人的东西？不是巴黎的铁塔，不是巴黎圣母院，也不是巴黎的凯旋门，答案竟是巴黎的咖啡馆。据此，锁定富有人文气息的"巴黎咖啡馆"。以此为中心，其中又因塞纳河左岸为文人雅士聚集之处，遂以"左岸"作为品牌名称。左岸咖啡的广告主要是经营品牌，很少谈及商品本身。左岸咖啡1996年的电视广告以漫步在巴黎塞纳河畔独自享受咖啡的女孩为主题，仿佛在叙说一段故事。现在的左岸咖啡"追求一种宁静，追求一种心灵"，左岸咖啡是一种情绪、一种感觉、一种诉说不尽的风情。它极大地提高了产品在消费者心目中的地位，提高了产品的价值。在许多消费者眼里，左岸咖啡是艺术的、文化的、浪漫的、不羁的，不断刺激内心欲望的"精神鸦片"。

二、广告对价格的影响

广告可以增加产品的价值，也可能增加成本。如果企业停止所有昂贵的广告，产品成本就会减少？

作为维持业务的众多成本之一，广告的成本的确是由购买产品的消费者来支付的。不过，在绝大多数产品种类中，与产品的总体成本相比，广告费用的比重一般比较小。广告是批量流通体系的一个元素，批量流通体系又支持着许多生产厂家参与批量生产，进而才可能降低产品的成本，而这部分余额则可以以低价的形式转让给消费者。广告正是利用这种间接的方式降低了产品的价格。

一般来说，广告费最初由广告主负担，到消费者购买了商品或服务之后，广告费则转移到消费者的头上。但商品做广告之后，未必每个人都会购买，或者说购买的时间有先后的差别。不买的人当然未支付广告费，较迟购买的人在其未买期间也是免费享用该商品的广告。一般的耐用消费品刚上市时往往价格昂贵，购买的人通常都是有钱人。这些收入较高者支付了广告费，收入较低的大众则免费享受广告信息。

举例来说，日本的黑白电视机1953年上市时，每台价格约为30万日元（1日元=0.0516人民币），当时只有极少数有钱人以及为了做生意招徕顾客的店家才会购买。例如，一个电视机制造商当时年售1万台电视，一年营业额30亿日元，广告支出3亿日元，每台电视所含广告费用为3万日元。而到1959年，某制造商年售电视机85万台，每台6万日元，一年营业额510亿日元，广告投入10亿日元，平均每台电视广告费用为1176日元。而现在，黑白电视机几乎不做广告了，广告费用也几乎是零了。

三、广告对竞争的影响

一些观察家认为，由于小公司或新企业无法与大公司庞大的广告预算相抗衡，因而实际上是广告限制了竞争。

激烈的竞争确实可能造成同一行业内企业数目的减少，但被竞争消灭的企业很可能就是那些对顾客服务最差的企业。但在另一情况下，竞争又会因企业间的兼并和收买而受到削弱。

在广告投入较大的行业（如保健品）里，广告的高成本确实会使新生的竞争者难以入市。在某些市场，这些独家品牌也正是从这种壁垒中获取巨大利益。现在人们最担心的就是不断攀升的广告价格是否阻碍了自由竞争的发展。但是，在一个成熟市场环境下，厂房、机器和人力方面的巨大投资往往是一个更难以逾越的障碍，这才是新企业入市的真正障碍，而非广告。

另外，在很多情况下，大公司的广告对小企业的影响力极为有限。毕竟，哪个广告主也不可能大到足以控制全国的程度。

四、广告对消费者需求的影响

广告对消费者的总体需求有什么影响？这个问题相当复杂。众多的研究表明，促销活动会影响群体消费，但其程度难以确定。其他许多社会力量与经济力量，包括技术进步、国民教育水平、人口增长、收入增长以及生活方式的革命性变化等，都比广告重要。例如，CD唱机、移动电话以及计算机的市场需求急剧膨胀，这一方面要归功于广告，另一方面，良好的市场环境更是功不可没的。因为，虽然处于同一时代，广告却无法扭转帽子、皮衣这类物品销量下降的局面。

通过向更多的人提供更多的完整信息，广告可以刺激市场对某类产品的需求，有助于新产品在市场上立足，但如果市场不景气，人们只关心价格信息的话，广告也只能减缓市场下滑的速度，如果市场繁荣，广告主则可以借广告争得一席之地。在成熟稳定或下滑的市场中，广告主只好彼此争夺对方的份额，进行征服性销售。

五、广告对消费者选择的影响

对生产厂家来说，在竞争中取胜的最佳方法就是使自己的产品与众不同。这只要看看厂家、商家为吸引不同买主而设计的汽车型号、大小、颜色等就明白了。杂货店的货架上也可能出现15~20种不同品牌的早餐麦片，每个人都可以找到适合自己的产品。做广告的自由促使企业创造新品牌、改进旧品牌。当某个品牌占有绝对优势时，弱小品牌可能会消失一段时间，一旦有更好的产品出现，同时广告又做得出色的话，先前的龙头品牌完全可能让位于新的、更好的产品。做广告的权利促使了更多卖主的产生，进而使消费者有了更大的选择余地。

当购物者确定要买的商品后，他就要决定买哪种牌子。有时要同时做出这两项决定，例如，购物单上写的是"汰渍"，而不是"洗衣粉"。但如果消费者是先确定商品再选择品牌的话，他往往要经过几个步骤才能做出决定。

消费者首先根据相对简单的标准考虑一系列的品牌，然后经过仔细的分析比较后选中一个。对消费者购物方式的观察表明，他们把商品从货架拿到购物筐里平均要用12秒，平均只能仔细考虑1.2个品牌。这种购物速度说明消费者选择品牌的主要依据是他们平常对各种品牌的了解，而他们获取商品信息的主要渠道就是广告。

六、广告对大众传媒的影响

媒体要在市场竞争中生存下来，必然要把获取经济利润放在最重要的位置上，而广告恰恰是媒体资金的重要来源。媒体通过承揽广告业务，获得发展资金，可以在更新设备、组织人员培训和扩大覆盖范围等方面做出努力。但更明显的是，广告商的进入让媒体信息传播的方向、领域和性质产生许多不良的影响，衍生出不容忽视的媒体腐败。

编辑围着广告转，这已经不是什么秘密了。广告商不仅关心报纸的发行量和广播电视的视听率，而且关心媒体受众的消费能力有多强，投入广告后效果如何，等等。因此，越来越多的媒体倾向于选择那些能吸引具有很强消费能力的受众注意的新闻，以此取媚广告商。相当多的媒体无暇顾及社会弱势群体的生活和信息接收的权利，也不可能顾及弱势群体的生活状况。

广告商也在某种程度上成为媒体运作的指挥棒。为了拉到更多的广告，许多报社、广播电台、电视台内部制定了一系列奖惩措施，鼓励记者、编辑拉广告，并按照其完成广告额，给予回扣。在这样的利益驱动下，编辑、记者千方百计地为广告商服务也就不足为奇了。

媒体是社会"公器"，它的信息传播的权利属于社会所有，编辑记者无权想传播哪类信息就传播哪类信息，想让谁看就让谁看，不给谁看就不给谁看。编辑和记者是媒介信息的把关人，如果这个关口把得很含糊和武断，却不断地宣传"办老百姓爱看的报纸、电视"就会显得十分荒唐和可笑。与媒体所宣称的口号相反，现在的媒介正处在一种霸权状态。编辑和记者按照广告商的要求，来决定信息传播的内容和方式，表现为另一种媒体的腐败。

广告商与媒体结盟，使媒体背离真实、客观、公正的形象，媒体的权威性丧失。如何使社会各个阶层群体的声音在大众传媒上得到反映？媒体如何起到一种平衡剂的作用，以缓解社会各阶层的矛盾？在为广告商服务的过程中，媒体的社会效益如何得到保证？传媒走向市场中产生的这些问题，值得我们直面和反思。

第五章

广告基本原理

GUANGGAO JIBEN YUANLI

第一节 广告定位理论

定位观念源自于美国两位著名的广告人艾·里斯和杰·特劳特。在广告运用历程中,定位观念的提出,对广告策略的确立具有划时代的意义。在现代广告策划中,定位显然是广告决策中具有关键性决定作用的环节。定位是否合理不仅关系到广告运作的效果,而且决定了广告诉求的方向。因此,定位已成为现代广告运作的一个基本原理。

一、定位的内涵

所谓的广告定位属于心理接受范畴的概念,是指广告主通过广告活动,使企业或品牌在消费者心目中确定位置的一种方法。

定位理论的创始人艾·里斯和杰·特劳特曾指出:"定位是一种观念,它改变了广告的本质。""定位从产品开始,可以是一种商品、一项服务、一家公司、一个机构,甚至是一个人,也许可能是自己。但定位并不是要你对产品做什么事。定位是你对未来潜在顾客的心智所下的功夫,也就是把产品定位在未来潜在顾客的心中。所以,如果把这个观念称为'产品定位'是不对的。对产品本身,实际上并没有做什么重要的事情。"

可见,广告定位是现代广告理论和实践中极为重要的观念,是广告主与广告公司根据社会既定群体对某种产品属性的重视程度,把广告产品确定于某一市场位置,使其在特定的时间、地点,对某一阶层的目标消费者出售,以利于与其他厂家进行产品竞争。它的目的,就是要在广告宣传中,为企业和产品创造、培养一定的特色,树立独特的市场形象,从而满足目标消费者的某种需要和偏爱,为促进企业产品销售服务。

二、广告定位理论的发展

广告定位理论的发展共经历了四个阶段。

(一) USP 阶段

在 20 世纪 50 年代左右,美国的罗瑟·瑞夫斯提出广告应有"独具特点的销售说辞"(unique selling proposition,USP)。他主张广告要把注意力集中于商品的特点及消费者利益之上,强调在广告中要注意商品之间的差异,并选择好消费者最容易接受的特点作为广告主题。

在 20 世纪 50 年代末期,随着产品时代被市场营销时代代替,确立"独具特点的销售说辞"就变得日益困难。但是,USP 理论中的基本思想则被随后的广告思潮汲取。因而,直至今日许多广告人把 USP 赋予诸多的现代意义,为当代广告活动所采用。

(二) 形象广告阶段

20 世纪 50 年代以来,西方经济发达国家的生产得到迅速发展,新产品不断涌现,同类产品在市场上竞争十分激烈。许多广告人通过各种广告宣传和促销手段,不断为企业提高声誉,开创著名品牌产品,使消费者根据企业的名声与印象来选择商品。此时期,涌现出一大批著名的广告人,广告思想都以树立品牌形象为核心,在客观的广告实践上,推动了企业营销活动的开展。这一时期最具代表性的人物是被称为"形象时代建筑大师"的大卫·

奥格威。他的最著名的命题之一就是："每一广告都是对品牌印象的长期投资"。

(三) 广告定位阶段

1969 年，艾·里斯和杰·特劳特在美国《产业行销杂志》上写了一篇名为《定位是人们在今日模仿主义市场所玩的竞赛》的文章，文中使用"定位（positioning）"一词。广告定位阶段自 20 世纪 70 年代初期产生，到 20 世纪 80 年代中期达到顶峰，其广告理论的核心就是使商品在消费者心目中确立一个位置。正如艾·里斯和杰·特劳特所指出的："广告已进入一个以定位策略为主的时代，想在传播过多的社会中成功，一个公司必须在其潜在顾客的心智中创造一个位置。""在定位的时代，去发明或发现了不起的事物并不够，甚至还不需要。然而，一定要把进入潜在顾客的心智作为首要之图。"

(四) 系统形象广告定位

进入 20 世纪 90 年代后，世界经济日益突破地区界限，发展成为全球性的世界性大经济。企业之间的竞争从局部的产品竞争、价格竞争、信息竞争、意识竞争等发展到企业的整体性形象竞争，原来的广告定位思想，进而发展为系统形象的广告定位。

这种广告定位思想，变革了产品形象和企业形象定位的局部性和主观性的特点，也改变了 20 世纪 70 至 80 年代广告定位的不统一性、零散性、随机性，更多地从完整性、本质性、优异性的角度明确广告定位。

系统形象广告定位，最初产生于美国 20 世纪 50 年代中期，发展于 20 世纪 60 至 70 年代，成熟于 20 世纪 80 至 90 年代。这种广告形态不但在欧美，而且在亚洲都产生了划时代的影响。当代世界上著名企业，其经营管理过程中都已经在系统形象广告领域做了大量的工作，促进了企业经济效益和社会效益的大幅度提高。

三、广告定位的意义

(一) 正确的广告定位是广告宣传的基准

企业的产品宣传要借助于广告这种形式，但"广告什么"和"向什么人广告"，则是广告决策的首位问题。

在现实的广告活动中，不管有无定位意识，愿意或不愿意，都必须给拟开展的广告活动进行定位。科学的广告定位对企业广告战略的实施与实现，无疑会带来积极的、有效的作用，而失误的广告定位必然给企业带来利益上的损失。

(二) 正确的广告定位有利于进一步巩固产品和企业形象的定位

现代社会中的企业组织在企业产品设计开发生产过程中，根据客观现实的需要，企业必然为产品所针对的目标市场进行产品定位，以确定企业生产经营的方向。企业形象定位又是企业根据自身实际所开展的企业经营意识、企业行为表现和企业外观特征的综合，在客观上能够促进企业产品的销售。无论是产品定位还是企业形象定位，无疑都要借助于正确的广告定位来加以巩固和促进。

(三) 准确的广告定位是说服消费者的关键

一个消费者需要的商品能否真正引起其购买行为的出现，首先就要看广告定位是否准确。否则，即使是消费者需要的商品，由于广告定位不准，也会失去促销的作用，使许多真正的目标对象错过购买商品的机会。在现代社会中，消费者对商品的购买，不仅是对产品功能和价格的选择，而且是对企业精神、经营管理作风、企业服务水准的全面选择。而企业形象定位优良与否，又正是消费者选择的根据之一。优良的企业形象定位，必然使消费者对产品产生"信得过"的购买信心与动力，促进商品销售。

(四) 准确的广告定位有利于商品识别

在现代营销市场中，生产和销售某类产品的企业很多，造成某类产品的品牌多种多样。广告主在广告定位中所突出的是自己品牌的与众不同，使消费者认牌选购。消费者购买行为产生之前，需要此类产品的信息，更需要不同品牌的同类产品的信息。广告定位所提供给消费者的信息，其中很多为本品牌特有性质、功能的信息，有利于实现商品识别。广告定位告诉消费者"同类产品的有用性"，更告诉消费者"本品牌产品的与众不同性"。

（五）准确的广告定位是广告表现和广告评价的基础

在广告活动中，广告表现必须以广告定位为基础进行广告视、听觉表现。广告表现要以广告定位为目标与导向，体现广告表现服务于广告定位的思维逻辑。一则广告的好与坏、优与劣，要以表现广告定位情况来进行分析和评价。这是因为对广告所进行的评价，实际上是对广告表现及产生的社会效果的评价。广告表现以广告定位为核心展开工作，对广告表现进行评价，归根结底就是对广告定位的评价。也就是说，评价广告，首先要依据广告是否表现准确的广告定位思想，是否比较准确地表现广告定位的主题，而不能单纯围绕广告表现形式而大发议论。准确的广告定位既是广告表现的基础与基准，又应该是广告评价的前提基础之一。

（六）准确地进行广告定位有助于企业经营管理科学化

广告作为企业行为中的重要内容之一，是企业战略目标实现的重要手段。广告定位看起来仿佛仅仅属于广告活动的问题，实则属于企业经营管理中不可缺少的重要组成部分。科学的企业经营管理，有助于准确地进行广告定位；而准确的广告定位在促进企业营销目标实现的同时，又反过来促进企业管理的科学化和规范化。

四、广告定位的具体内容

产品定位的主要含义是确立产品在市场中的最佳位置。它是根据消费者对某种产品属性的重视程度，给产品确立具有竞争力、差异化的市场地位，为产品创造、培养一定的特色，树立独特的市场形象，以满足消费者的某种需求和偏好，从而达到促进销售的目的。由于产品满足消费者需求可以分为有形和无形两大类，有形产品是指可以接触的有实用价值的实体，无形产品是一种观念或服务等产品的附加值。因此，产品定位策略可分为实体定位和观念定位策略两大类。

（一）实体定位

所谓实体定位就是从产品的功效、品质、市场、价格等方面，突出该产品在广告宣传中的新价值，强调本品牌与同类产品的不同之处以及能够给消费者带来的更大利益。这是一种差异化的策略，以此确定本产品的独特的市场位置。因此，实体定位可以区分为市场定位、品名定位、品质定位、价格定位和功效定位。

图5-1 万宝路平面广告作品

1. **市场定位**

市场定位就是指把市场细分的策略运用于广告活动，将产品定位在最有利的市场位置上，并把它作为广告宣传的主题和创意。广告在进行定位时，要根据市场细分的结果，进行广告产品市场定位，而且不断地调整定位对象区域。只有向市场细分后的产品所针对的特定目标对象进行广告宣传，才可能取得良好的广告效果。如万宝路香烟的平面广告作品（见图5-1），用西部牛仔的形象传递品牌粗犷不羁的性格，固定目标受众。

2. **品名定位**

任何产品都有一个名称，但并不是随机地选定一个名称都可以的。在我国许多地区，人们在选定产品名称时很讲究名称里含有吉祥和顺达的意思。当然国内也有不少著名的产品名称如果用现代营销观念来分析，并非能行得通，但由于历史渊源的原因而仍然著名。像天津的"狗不理"作为包子食品的名称，就是较为奇特的一个。因为那毕竟是在中国商品经济并不发达时期的产物。在现代社会中，企业开发和生产的产品，不仅是产品本身，而且是在创造一种文化现象，这必然要求产品的名称与文化环境相适应。

例如，脑白金的产品名称对品牌的建立以及之后的营销起到了支持作用，对品牌建立起到了事半功倍的作用。产品名称表达了两种信息：一是该产品是作用于脑部的；二是该产品非常珍稀可贵。脑白金三个字识别度高，记忆度高，容易引起人们的关注。因为大脑是人体生命的司令部，而白金也是珍稀之物，二者结合当然更是贵重之重了。从脑黄金到脑白金，产品命名无不体现了创意者的匠心独运而又恰到好处。金在人们心目中是十分贵重的，假如以此类推，叫脑钻石就不可以。因为在人们心目中石头不是贵重之物，即使是钻石在第一感觉中也要费番思量。脑白金的命名既说明了产品的功效又为人们广为喜好，并且有品质感、档次感，反映了策划者对人们心理的深刻了解和高度的概括能力。

3. 品质定位

所谓品质定位，是强调产品具有的良好品质，使消费者对本产品感到安全与放心，增强了产品的吸引力。这是一般产品广告中最惯用的一种定位方式。因为创造并展示一个产品的优秀品质，是其谋求市场的最基本要求，也是所有产品创造者最津津乐道的，而通过对产品的品质定位的确可以赢得消费者的信任。在现实生活中，广大消费者非常注重产品的内在质量，而产品质量是否卓越决定产品能否拥有一个稳定的消费群体。很多广告把其产品定位在品质上，取得了良好的广告效果。如雀巢咖啡"味道好极了！"，麦斯威尔咖啡"滴滴香浓，意犹未尽！"，都是从产品品质出发的定位。

4. 价格定位

价格定位，就是把产品价格定位于一个适当的范围或位置上，以使该品牌产品的价格与同类产品价格相比较而更具有竞争实力，从而在市场上占领更多的市场份额。

一般而言，对消费者最为敏感的产品因素就是价格，所以运用价格定位往往能迅速引起消费者的反应。目前市场上普遍采用的价格定位不外乎四种：高质高价、高质低价、低质高价、低质低价。就消费者心理而言，价格性能比是消费者对商品选择的最基本评价方式，所以通常所谓价廉物美也就是高质低价，是最受欢迎的。如长虹彩电在竞争中多次运用这一方式拓展市场空间，而高路华则一直运用低价定位保持自己的市场份额。一些优质名牌则通过高价定位保持身份并受到市场的认同。也有的名牌则打的是高价的旗号，通常来说，高价定位除了产品品质原因外，往往还具有某种附加值因素，不仅是使用价值的满足，而且也是心理价值的满足。而有些低质低价的定位，只要符合实际，诚实宣传仍有自己的市场。最危险的是低质高价的定位，往往包含有欺诈因素，是一种短期暴利行为，风险极大。

由于价格与质量特征非常重要，有必要对之单独进行考察。在许多产品类别中，一些品牌在服务、产品特性和产品表现等方面做得越来越好，这些品牌的制造商一般也将价格定得较高。这一方面是为了抵消其较高的成本，另一方面是为了宣传其较高的质量。与此相反，同类商品中有些品牌常用价格来吸引顾客，但这些品牌也尽可能使其产品质量与高价产品相当，或至少保持在适当的质量水平。在许多产品类别中，价格与质量问题非常重要，任何产品定位决策都应予以考虑。

5. 功效定位

功效定位，是指从产品的功能这一角度，在广告中突出广告产品的特异功效，使该品牌产品与同类产品有明显的区别，以增强竞争力。广告功效定位是以同类产品的定位为基准，选择有别于同类产品的优异性能为宣传重点。

（二）观念定位

观念定位是在广告中突出宣传品牌产品新的意义和新的价值取向，诱导消费者的心理定式，重塑消费者的习惯心理，树立新的价值观念，引导市场消费的变化或发展趋向。

由于产品的基本功能和消费者对产品的习惯性认识，在通常情况下消费主体都有其确定的价值判断，这种确定的价值判断成了消费者选择或否定某种产品的标准。有时某种产品由于种种原因，形成了消费者观念上的某种障碍。采取观念定位，有助于推动产品为消费者所接受。

观念定位的具体运用有如下几种。

1. 改变消费观念定位

消费观念定位就是针对消费者的价值判断来进行的定位，从根本上促动或诱导消费者从固有观念转向一种新的观念，从而促成消费者产生购买动机。随着社会和消费潮流的变化，它直接影响人们对商品的看法和态度，并加速某种产品的推销。

当年宝洁公司推出的一次性尿布，最初在市场上受到了阻碍。广告策划人员发现障碍的核心乃是观念，所以创造性的策略在于通过观念转变，为一次性尿布定位不是因为母亲要图方便，而是因为宝宝需要更柔软、更安全、更卫生的尿布，一次性就当然是最好的了。这样，用一个转变了的观念去看它，一切就迎刃而解了。

2. 反类别定位

反类别定位又称为"是非定位"。它是指当本产品在自己应属的某一类别中难以打开市场时，利用广告宣传使产品概念"跳出"这一类别，借以在竞争中占有新的位置。

如在美国清凉饮料市场中，原先由可口可乐稳固地占领了可乐类市场的位置，其他品牌无插足余地，但七喜汽水却创造了"非可乐"的定位。严格意义上来说它与可乐同属碳酸饮料，但七喜充分了解在美国市场上平均每消费三瓶清凉饮料，就有两瓶是可乐，而剩下的一瓶则是由可乐之外的形形色色的饮料来瓜分。显然七喜不可能正面与可乐竞争，何况它本身是可乐公司生产的另一种产品，其目是填补可乐所遗留下的市场空间。于是一个全新的定位观念建立了：七喜，非可乐！它在宣传中把饮料市场区分为可乐型和非可乐型两类，七喜汽水属于非可乐型饮料。这样就在可乐之外的"非可乐"的位置上确立七喜的地位和形象，使其取得了销售的成功。

3. 逆向定位

所谓逆向定位，是利用有较高知名度的竞争对手的声誉来引起消费者对自己的关注、同情和支持，以达到在市场竞争中占有一席之地的广告定位策略。当大多数企业广告的定位都是以突出产品的优异之处的正向定位时，采取逆向定位反其道而行之，利用社会上人们普遍存在的同情弱者和信任诚实的人的心理，反而能够使广告获得意外的收获。

参照竞争对手来定位之所以有必要，主要有两个方面的理由。其一，竞争者可能有一个稳固的，拥有多年塑造起来的良好形象，竞争者的形象可以作为一种桥梁来帮助宣传另一个形象。如果某个人找一个地址在哪儿，告诉他靠近该地址的大楼比向他描述各种街道的走法更好。其二，有时，顾客认为你如何好并不重要，重要的是你比某个竞争者更好，或与它同样好。

例如，艾维斯轿车租赁公司的"我们第二，所以我们更努力"。这项广告活动就是一个著名的逆向定位战略。艾维斯轿车租赁公司要与行业第一的赫兹公司竞争，但无论是实力还是地位均处于劣势，若采用正面进攻很难奏效。为此必须从领导品牌和消费者对领导品牌的认可中找到出击的薄弱点。在一般观念中，处于第一位的领导者往往是行业中的典范，它的各种表现都具有领导示范作用。因此，艾维斯提出正因为我们是第二，所以我们会更加努力：热情的微笑，周到的服务，清洁的车子，更多的服务顾客的措施，等等。一时使艾维斯名声大振。

当消费者在观念上发生了微妙的变化之后，那种反过来想想的思想伴随对弱者的同情和支持，从而化作实际的行动。艾维斯也因此一改创建十几年来的连续亏本记录，开始了赢利的时代。

4. 对抗竞争定位

对抗竞争定位，即企业不服输，与强者对着干，以此显示自己的实力、地位和决心，并力争取得与强者一样的甚至超过强者的市场占有率和知名度。如美国的百事可乐就是采用对抗竞争方法，直接同位居首位的可口可乐展开竞争，并成为仅处于其后的第二大可乐型饮料。

总之，定位的概念提出来以后，一直受到企业界的广泛重视。越来越多的企业运用市场定位参与竞争、扩大市场。它有利于确立企业及产品的市场特色，是参与现代市场竞争的有力武器。同时，市场定位决策也成了企业制定市场营销组合策略的基础。

第二节 USP 理论与整合营销传播

一、关于 USP 理论

USP 是近几年营销、广告类刊物的高频词。它在营销和广告实践中建立了耀眼的功绩。

USP 是近代广告界公认的美国广告大师罗素·瑞夫斯对"科学派"广告理论的继承和发展，它成为 20 世纪 50 年代最主要的广告理论方法，使整个 50 年代成为 USP 至上时代。罗瑟·瑞夫斯认为，只有当广告能指出产品的独特之处时才能行之有效，即应在传达内容时发现和发展自己的独特销售主题，并通过足量的重复将其传递给受众。罗瑟·瑞夫斯描述 USP 具有三个特点。

一是必须包含特定的商品效用。即每一个广告都要对消费者提出一个说辞，给予消费者一个明确的利益承诺。

二是必须是独特的，唯一的，是其他同类竞争产品不具有或没有宣传过的说辞。

三是必须有利于促进销售，即这一说辞一定要能强有力地招来数以百万计的大众。

从该定义特点可以看出 USP 理论包括如下几层实效性的思想内涵和功能作用。

（一）USP 理论的实质

（1）实效的广告必须针对消费者。广告的实效来自于广告主张对消费者的针对性，而不是广告主和广告人的自我陶醉、炫耀。

（2）实效的广告必须针对消费者提出一个独特的销售主张，即独特的"卖点"。此主张必须对消费者明示商品给予他的"特殊的实益"。

（3）实效广告提出的销售主张必须是具有独特性的，即竞争对手无法也不可能提出的，或者从没提出过的。

（4）实效广告销售主张的独特个性既可以是商品的独特性，品牌的独特性或者相关请求的独特性，也可以是非广告方面的主张。

（5）此主张应具有推销力和号召力，能将新的顾客拉来购买广告的商品。

（6）实效广告的独特主张应具有广泛的消费者适应性和影响的大众性。

从上述分析可以明确看出，广告以区别于竞争对手，满足广泛消费者的实际利益为广告的独特主题或独特的诉求重点，并以此为策划增强广告对受众的说服和号召力，从而直接实现广告对商品的促销目的，这是 USP 的实质。

（二）USP 理论的功能

USP 理论的实效性和实质也在它的功能上得到进一步的体现，USP 具有如下主要的功能。

1. 差异化功能

USP 通过独特的销售主张的传播与沟通，使产品及其广告具有区别于竞争者的独特属性，从而实现差异化。

没有差异的凸现，就没有广告及其商品突出自己和单独存在的资格。

2. 价值功能

USP 的实效性的本质和基础，在于它能够提供特殊的消费者需要的具体价值。正是广告展示的，为消费者创造的独特价值，使这种差异化才具有了实效的意义。

3. 促销功能

USP 的差异化和价值功能促进消费者对广告产品提供的独特的具体利益的认知和认同，促进了商品的销售；USP 对广泛的消费者的适应和影响大众性的要求，使消费者对产品独特利益的认同和接受具有了促销的规模效能。

因此，USP 理论的主要功能是其广告实效性的保证，也是它指导广告实践成功的基本功能保障。

USP 的差异化营销可以说是企业经营观念的一大进步。USP 策略正是适应了这种营销战略的要求。因为，差异化的信息诉求是建立在差异的产品基础上的，包括产品的核心差异，产品形体的差异以及产品附加的差异。同时它也是利用人们认知的心理特点，在广告中宣传产品独具的特征以及利益，使消费者注意、记住并对其所提供的利益产生兴趣，从而促成其购买决策。

在进入 21 世纪的今天，在共同面临的市场环境中，随着科学技术的不断跟进，大部分企业已得到以数字化革命、光纤维通信革命、计算机革命等三大技术革命为媒介的信息高速公路的恩惠。从这个角度来说，企业正处在进一步细分化、专门化、科学化的市场环境中，这也意味着信息高速公路带来了人们共享信息的民主化、开放化的新型企业经营环境。因此，在 20 世纪 50 年代初由瑞夫斯提出 USP 理论，到了 50 年代末 60 年代初，也就由于各种替代品和仿制品的不断涌现，使寻找 USP 变得越来越困难了。

在企业竞争愈演愈烈的情况下，企业只有得到利害关系者更多的理解和支持，才能追赶并超越竞争对手。为了达到这一目的，传播量的扩大、质量的提高、密度的增强等都成为管理者亟待解决的问题。这时的企业传播的特点是整合各要素以扩展其关系领域，即降低事件或展览等需要支付大量费用的活动的比率，减少费用投入的绝对量，宣传或促销、人员销售等传播活动也无须扩大规模，主要以增强传播密度的方式加大整体传播量并提高效率。

由此可见，对以广告为主的企业传播及其管理的要求已日益严格，把各自分散开展的企业传播活动战略性地联结起来已成为迫切的需求，这就构成了在可能限度内进行整合的具体传播战略——整合营销传播战略的基础。

整合传播不仅包括广告和促销，而且还包括面向企业外部，以企业广告、公共关系、企业宣传活动等为主要内容的对外企业传播，以及面向企业组织内部以提高组织成员的士气、归属意识为目的的对内企业传播。它反映出企业经营的整体水平，即企业面向内、外部开展的有形态的传播的整体化，也可称为整合营销传播（integrated marketing communications：IMC）。

二、关于整合营销传播

（一）整合营销传播的概念

整合营销传播是一个关于营销沟通计划的概念，它认为整合性的计划是有附加价值的。这一计划对各种营销沟通项目（如广告、直接营销、销售促进、公共关系等）的战略性角色进行评价，并将这些项目加以综合运用，使分立的信息一体化，以提供明晰、持续且效果最大的营销沟通。

整合营销传播的开展，是 20 世纪 90 年代市场营销界最为重要的发展，整合营销传播理论也得到了企业界和营销理论界的广泛认同。整合营销传播理论作为一种实战性极强的操作性理论，兴起于商品经济最发达的美国。在经济全球化的形势下，近几年来，整合营销传播理论也在中国得到了广泛的传播，并一度出现"整合营销热"。

整合营销传播理论是随着营销实践的发展而产生的一种概念，因此其概念的内涵也随着实践的发展不断地丰富和完善。一直以来，整合营销传播实践者、营销资源提供者和营销效果评价者以各种方式，从不同的角度给整合营销传播进行定义和研究。下面我们将给出目前理论界对整合营销传播的定义，以便我们能够更好地理解和研究整合营销传播理论。

美国广告公司协会是这样给整合营销传播进行定义的："整合营销传播是一个营销传播计划概念，要求充分认识用来制订综合计划时所使用的各种带来附加值的传播手段——如普通广告、直接反映广告、销售促进和公共关系，并将之结合，提供具有良好清晰度、连贯性的信息，使传播影响力最大化。"

我们可以看出这一定义是着重于促销组合的角度，强调了整合营销传播是为了提供明确的、一致的和最有效的传播影响力。

美国南卡罗莱纳大学教授特伦奇·希姆普认为："整合营销传播学是制订并执行针对顾客或与未来顾客的各种说服性传播计划的过程。整合营销传播学的目标在于影响或直接影响有选择的受播者的行为。整合营销传播学认为，一个顾客或一个未来顾客在产品或服务方面与品牌或公司接触的一切来源均是未来信息潜在的传播渠道。进而，整合营销传播利用与顾客或未来顾客相关的并有可能被接受的一切形式的传播。总之，整合营销传播学开始于顾客或未来顾客，然后反馈，以期明确规定说服性传播计划的形式与方法。"

根据上述定义，我们可以看出整合营销传播学是要影响受播者行为，而且营销传播者不仅要影响受播者（顾客或未来顾客）的态度，更应鼓励他们做出某种形式的行为反应，推动他们采取购物行动。整合营销传播计划合理与否的尺度在于它是否影响顾客的行为。这一定义强调了对传播受众的重视。

美国学者舒尔茨、唐列巴姆和劳特鲍恩也给出了他们观察的结论："整合营销传播是一种看待事物整体的新方式，而过去在此我们只看到其中的各个部分，比如，广告、销售促进、人员沟通、售点广告等，它是重新编排的信息传播，使它看起来更符合消费者看待信息传播的方式像一股从无法辨别的源泉流出的信息流。"

托马斯·罗索和罗纳德·莱恩认为："整合营销传播是指将所有传达给消费者的信息，包括广告、销售促进、直接反映广告、事件营销、包装以有利于品牌的形式呈现，对每一条信息都应使之整体化和相互呼应，以支持其他关于品牌的信息或印象。如果这一过程成功，它将通过向消费者传达同样的品牌信息而建立起品牌资产。"

在对整合营销传播的研究中，科罗拉多大学整合营销传播研究生项目主任汤姆·邓肯引入了"关系利益人"的概念来进行解释整合营销传播："整合营销传播是指企业或品牌通过发展与协调战略传播活动，使自己借助各种媒介或其他接触方式与员工、顾客、投资者、普通公众等关系利益人建立建设性的关系，从而建立和加强他们之间的互利关系的过程。"

整合营销传播理论的先驱、全球第一本整合营销传播专著的第一作者唐·E·舒尔茨教授根据对组织应当如何展开整合营销传播的研究，并考虑到营销传播不断变动的管理环境，给整合营销传播下一个新的定义。他们认为它将包含整合营销传播当前及可以预见的将来的发展范围。

"整合营销传播是一个业务战略过程，它是指制定、优化、执行并评价协调的、可测度的、有说服力的品牌传播计划，这些活动的受众包括消费者、顾客、潜在顾客、内部和外部受众及其他目标。"

这一定义与其他定义的不同之处在于：它将重点放在商业过程上。这最终将形成一个封闭的回路系统，它深入地分析消费者的感知状态及品牌传播情况，最重要的是它隐含地提供了一种可以评价所有广告投资活动的机制，因为它强调消费者及顾客对组织的当前及潜在的价值。

（二）整合营销传播理论的发展阶段

整合营销传播理论缘于组织对适应已经变化了的和正在变化着的市场环境的需要。开始时，整合营销传播的重点是如何通过各种传播活动（如广告、公共关系、直邮等）创造一个统一的组织形象，也就是营销人员希望能为其组织和品牌创造"一种形象和一个声音"。但是，理论的进一步发展，整合营销传播已经涉及更为广泛的领域，并变得更为复杂。本质上，它已经从一种通过传播管理来协调和联合各种传播要素的战术方法转变为一种不同的标杆体系。围绕该标杆体系，组织能够制订战略计划并执行所有的市场传播活动。整合营销传播理论已经被很多的企业所应用，成为一种可有效指导人们营销实践的理论工具。为了理论研究的需要，我们可以将整合营销传播理论的发展过程分为三个阶段。

1. 孕育阶段：20 世纪 80 年代以前

1) 营销理论中的 4P

密西根大学教授杰罗姆·麦卡锡 1960 年提出的 4Ps 理论，横扫了授予企管硕士学位的商学院。麦卡锡的著名"4P"组合，即产品（product）、价格（price）、通路（place）、促销（promotion）。4P 理论的提出最为有价值的地方在于它把营销简化并便于记忆和传播，这一理论的提出本身就体现了人们开始把营销的一些要素综合起来去研究现代营销。

由于服务业在 20 世纪 70 年代迅速发展，传统的组合不能很好地适应服务业的需要，有学者又增加了第 5 个"P"，即"人"（people），又因为包装在消费品营销中的重要意义，而使"包装"（packing）成为又一个"P"。20 世纪 70 年代，科特勒在强调"大营销"的时候，又提出了两个"P"，即公共关系（public relations）和政治（politics）。

随着营销实践和营销理论的发展，人们逐渐开始认识到对促销工具进行策略性整合的必要，并开始进行了整合营销传播的尝试。营销理论中的 4P 使得企业在进行营销规划和营销传播的过程中，将营销的相关要素按照有效合理的方式整合起来。

2) 定位理论

在竞争日趋激烈的市场中，如何创造出与对手有别的差异是公司营销中的一大焦点，营销大师先后提出了一些有效的理论和策略。20 世纪 70 年代的定位理论的本身就意味着企业应围绕自己的定位来进行组织传播活动，通过"统一的形象、统一的声音"来实现和强化产品的定位。因此，定位论不仅以更大的创意提供了新的思路和方法，而且成为整个营销活动的战略制高点，是决定诸多策略的出发点和依据。这同样为整合营销传播思想的产生提供理论基础。

2. 产生阶段：80 年代

在 20 世纪 80 年代及 90 年代，用以向顾客、潜在顾客及股东传递信息的工具和技术得到了迅速的发展。在早期市场上，营销传播只有几种基本的方法可选择：电台广告、报纸广告、杂志广告、户外广告牌、公共关系及其他类似的方法。然而当媒体变得更加专业化后，每种媒体都必须予以特别的重视。有时候甚至需要进行专门的活动以将差异化的信息传递给不同的受众。同时其他新型工具也有了巨大的发展，比如直销、促销、特别事件促销法、宣传手册法、竞争联盟、担保，当然还有电子的和其他互动性的工具。

许多学者预感到具有战略意义的"传播合作效应"时代的到来，开始各自从自己的观点出发提出了传播合作效应的定义，并逐渐发展出整合营销传播这一概念。20 世纪 80 年代中期美国西北大学梅蒂学院首次尝试对整合传播进行定义。对许多组织而言，要进行整合营销传播意味着有必要协调各个产品、分部、地区及国家的营销活动。这一时期，整合营销传播最基本的目标是通过制订统一的架构来协调传播计划，从而使组织达到"一种形象，一个声音"的效果。有时，这样能达到营销传播活动集中化的目的，是希望通过整合各种活动以获得更大的协同效应。在另外一些情况下，它一方面使得公司制定严格的信息发布政策，另一方面却让那些对经营业绩负责的主管自行决定计划的执行。

本时期整合的另一个特点是跨职能。不同的组织使用不同的跨职能形式，其潜在的目标是为了获得更高的能力。这种能力不仅包括管理单个的传播活动，也包括如何使各种活动显得更有生气并获得协同效应。有时候，营销传播部门要建立由广告专家，公关专家及其他传播领域的专家组成的跨专业小组。这些小组要负责特定的产品多媒介多维度的传播活动。另一种方法是对各个传播媒介的雇员进行培训，从而使该部门的每个人都精通最有效的实施方法及各种传播渠道的运用战略。

在20世纪80年代，整合营销传播理论研究的重点在于对这一理论进行描述和定义，并把整合营销传播放在企业营销战术的角度上去研究，研究的出发点仍然是站在企业的角度上来进行考虑的。企业对整合营销传播也持有一种狭义的观点，把它当作协调和管理营销传播（广告、销售推广、公共关系、人员销售和直接营销），保持企业信息一致的一种途径。

3. 发展阶段：20世纪90年代

自20世纪80年代后期形成以来，IMC的概念和结构已经有了很大的变化。到20世纪90年代，已经形成许多清晰的、关于整合营销传播的定义。AGORA公司作为APQC研究的主题专家，提出了一个更为清楚的、关于IMC实践操作的定义：整合营销传播是一个业务战略过程，它用于计划、制定、执行和评估可衡量的、协调一致的、有说服力的品牌传播方案；它以消费者、顾客、潜在顾客以及其他内部和外部的相关目标为受众。90年代美国4A协会对整合营销传播的定义在很大程度上推动整合营销传播的研究和发展。

20世纪90年代整合营销传播理论的发展主要表现在以下几个方面。

第一，理论界开始将营销和传播紧密结合在一起来进行研究，4C理论成为整合营销的支撑点和核心理念。整合营销传播开始强调营销即传播，运作应摆脱粗放的、单一的状态，走向高效、系统和整体。美国营销传播学专家特伦希·希姆普甚至提出"20世纪90年代的营销是传播，传播也是营销。两者不可分割"。随着消费者个性化日益突出，加之媒体分化，信息过载，传统4Ps逐渐被4Cs取代。

第二，将"关系利益人"这一概念引入整合营销传播理论的研究体系。随着整合营销传播理论的发展，逐渐产生了一种更成熟、更全面彻底的观点，把消费者视为现行关系中的伙伴，把他们作为参照对象，理解了整个传播体系的重要性，并接受他们与企业或品牌保持联系的多种方法。科罗拉多大学整合营销传播研究项目主任汤姆·邓肯引入了"关系利益人"的概念来进行研究整合营销传播，他认为整合营销传播是指企业或品牌通过发展与协调战略传播活动，使自己借助各种媒介或其他接触方式与员工、顾客、投资者、普通公众等关系利益人建立建设性的关系，从而建立和加强他们之间的互利关系的过程。

4. 成熟阶段：21世纪

整合营销传播理论远远没有成熟。进入21世纪，随着营销实践发展和传播工具的创新，我们相信整合营销传播理论会走向成熟和完善。我们无法凭空给整合营销的明天描绘一个清晰的蓝图，但是我们认为一个成熟的整合营销传播理论应该具备以下几点特征。

第一，更具有操作性。我们认为一个成熟的理论应该能够更好地、更有效地指导我们的实践活动。

第二，能够有效地监测和评估绩效，运用技术来测量和评估传播规划对传播者来说是一个巨大的挑战。的确，像数据库形式、收入流测量等技术的使用使得大多数传播专业人员面临着许多问题，它对我们的历史、工具方法、经验和管理能力都形成了挑战。

正如整合营销传播理论的权威唐·舒尔次所言："我们对传播知识掌握得越多，对顾客、技术了解得越多以及对如何整合各种要素探索得越多，我们对怎样去开展传播活动就知道得越少。就未来而言，重要的不是去开展整合营销传播，而是要去学习理解顾客和潜在顾客，并知道如何经营。此外，我们也必须了解这些顾客正在发生的变化。因此，我们对整合规划的研究不能终止，最好的方法是不断地去尝试和探索。对我而言，这才是整合传播和整合营销传播的未来"。

（三）整合营销传播的广告策略

广告策略是整合营销传播的重要组成部分，也是整合营销传播成功的关键。消费者可以通过各种接触方式获得信息，可由各种各样的媒体接受各种形式、不同来源、种类各异的信息，这些信息必须保持"一种声音，一个面目"才能获得最大程度的认知。因此，广告策略必须对各种传播媒介进行整合运用。

现代信息社会的特点之一，是图像和声音传播已日益代替文字传播。受众越来越多地通过电视来了解外部社会,其平均阅读能力日益减弱。大众传播媒介一方面出现强势媒体(受众庞大,广告位紧张等),一方面出现媒介数量膨胀,受众细分化。当每个媒体的视听观众越来越少时,就意味着每个消费者或潜在消费者所接触的媒体越来越多,而且消费者越来越依靠主观感性认知来达成购买行为,而不是对产品进行客观理性的评价。消费者在大量的广告信息面前,只能选择零散的模糊的信息,依靠自己的筛选达成对品牌的印象,这种印象的深浅往往决定是否购买这一品牌。

消费者的心理图像显示对一个一致的品牌信息,必须接触多次才能构成记忆留存,只有永不间断地接触这个信息才能构成品牌忠诚。

因此,整合营销传播的广告策略是由"一种声音"的广告内容和永不间断的广告投放两个因素构成的,世界名牌广告所传递的广告内容,一定是整合一致,而且广告不会随着品牌的树立而减少。

制定整合营销传播的广告策略必须注意以下步骤。

(1) 要仔细研究产品,首先要明确这种产品能满足消费者哪一方面的需求,有何独特的卖点?

(2) 锁定目标消费者。确定什么样的消费者才是销售目标,做到"有的放矢"。

(3) 比较竞争品牌。比较竞争品牌的优势以及其市场形象。

(4) 树立自己品牌的个性。研究自己品牌树立什么样的品牌个性才会受到消费者的青睐。

(5) 明确消费者的购买诱因。消费者购买该产品的诱因是什么?为什么会进行品牌的尝试?

(6) 强化说服力。必须加强广告的说服力,通过内容和形式的完美结合说服消费者。

(7) 旗帜鲜明的广告口号。这是在众多消费者中引起注意的捷径。

(8) 对各种形式的广告进行整合。对电视广告、广播广告、平面广告、DM广告、POP广告进行一元化整合,以达成消费者最大程度的认知。

(9) 研究消费者的接触形式,确定投放方式。要研究消费者是如何接触自己的广告的,怎样做才能增多消费者的接触次数,确定广告投放方式,以达成品牌认知。

(10) 对广告效果进行评估。对广告的效果进行量化评估,为下一次广告投放提供科学依据。

整合营销传播的核心是使消费者对品牌产生信任,并要不断地维系这种信任,与消费者建立良好的信任关系,使其长久存在消费者的心中。整合营销传播的广告策略所力求避免的是传统传播方式造成的传播无效和浪费。

第三节
4P 组合与 4C 组合

一、整合营销传播的理论基础——从 4P 理论到 4C 理论

(一) 关于 4P 理论

4P理论产生于20世纪60年代的美国,随着营销组合理论的提出而出现的。1953年,尼尔·博登在美国市场营销学会的就职演说中创造了"市场营销组合"这一术语,其意是指市场需求或多或少地在某种程度上受到所谓"营销变量"或"营销要素"的影响。为了寻求一定的市场反应,企业要对这些要素进行有效的组合,从而满足市场

需求，获得最大利润。营销组合实际上有几十个要素（尼尔·博登提出的市场营销组合原本就包括 12 个要素），麦卡锡于 1960 年在其出版的《基础营销》一书中将这些要素概括为四类：产品（product）、价格（price）、渠道（place）、促销（promotion），即著名的 4Ps。1967 年，菲利普·科特勒在其畅销书的《营销管理：分析、规划与控制》一书中进一步确认了以 4Ps 为核心的营销组合方法：产品，注重开发的功能，要求产品有独特的卖点，把产品的功能诉求放在第一位；价格，根据不同的市场定位，制定不同的价格策略，产品的定价依据是企业的品牌战略，注重品牌的含金量；分销，企业并不直接面对消费者，而是注重经销商的培育和销售网络的建立，企业与消费者的联系是通过分销商来进行的；促销，企业注重销售行为的改变来刺激消费者，以短期的行为（如让利，买一送一，营销现场气氛等）促成消费的增长，吸引其他品牌的消费者或导致提前消费来促进销售的增长。

4Ps 的提出奠定了管理营销的基础理论框架。该理论以单个企业作为分析单位，认为影响企业营销活动效果的因素有两种：一种是企业不能够控制的，如政治、法律、经济、人文、地理等环境因素，称之为不可控因素，这也是企业所面临的外部环境；一种是企业可以控制的，如生产、定价、分销、促销等营销因素，称之为企业可控因素。企业营销活动的实质是一个利用内部可控因素适应外部环境的过程，即通过对产品、价格、分销、促销的计划和实施，对外部不可控因素做出积极动态的反应，从而促成交易的实现和满足个人与组织的目标，用科特勒的话说就是"如果公司生产出适当的产品，定出适当的价格，利用适当的分销渠道，并辅之以适当的促销活动，那么该公司就会获得成功"。所以市场营销活动的核心就在于制定并实施有效的市场营销组合。

（二）关于 4C 理论

在 20 世纪末引发的整合营销传播的营销观念的变革是对传统市场营销理论的一次颠覆，而作为整合营销传播理论的基础就是 20 世纪 90 年代在美国发展起来的 4C 理论。4C 理论从企业经营者的研究方面转向对消费者的关注方面，实现了"由内而外"到"由外而内"的历史性转变，是对传统 4P 理论的扬弃。但是，可以说 4P 是代表了销售者的观点，即卖方用于影响买方的有用的营销工具。从买方的角度来看，每一个营销工具都是用来为顾客提供利益。于是在 20 世纪 80 年代，美国劳特朋针对 4P 存在的问题提出了 4C 营销理论：

消费者的需求和欲望（consumer want and need），企业要生产消费者所需要的产品而不是卖自己所能创造的产品；消费者满足欲求需要付出的成本（cost），企业定价不是根据品牌策略而是要研究消费者的收入状况、消费习惯以及同类产品的市场价位；产品为消费者所能提供的方便（convenience），销售的过程在于如何使消费者快速便捷地买到该产品，由此产生送货上门、电话订货、电视购物等新的销售行动；产品与消费者的沟通（communication），消费者不只是单纯的受众，本身也是新的传播者。必须实现企业与消费者的双向沟通，以谋求与消费者建立长久不散的关系。

因此，获胜的公司必须是，只需经济方便地满足顾客需要，同时和顾客保持有效的沟通。

4P 理论的思考基础是以企业为中心，4C 理论的思考基础是以消费者为中心。4P 只适应于供不应求的卖方市场或竞争不太激烈的市场营销环境。在竞争激烈，产品供大于求，消费者个性化，媒体细化，信息膨胀，顾客挑剔等营销环境条件下，应该和必须把顾客直接作为市场营销的决策变量，由经营企业转化为经营顾客。

1. 4C 理论，首先强调要注意消费者的需求与欲望

只有深刻探究和领会到消费者真正的需求与欲望，才能获得最终的成功。产品的品质，产品的文化品位都取决于消费者的认知。真正的营销价值是顾客的心智。要为消费者提供合适的产品，必须调查消费者的内心世界。正如威廉·H·达维多所言：伟大的设计在实验室产生，而伟大的产品在营销部门产生。因此，只有充分与消费者进行沟通，了解其产品知识，品牌网络，产品的效用需求以及其评价标准，消费者的个性品位等因素，才能找准顾客心理，获得消费者。企业产品策略只是企业向消费者传达利益的工具和载体，也就是满足顾客需求与欲望的形式。企业发展产品策略必须从消费者的需求与欲望出发，而不是从企业的研究与开发部门出发。

2. 4C 理论要考虑的第二个 C 就是对顾客的成本

对消费者来说，顾客的成本不仅只是产品的价格。一方面，顾客付出的货币只是其中的一部分。例如，汉堡

包的销售需要考虑的因素包括顾客付出的货币成本，顾客到快餐厅所花费的时间和排队购买的时间成本，以及因选择汉堡包而没有其他选择的机会损失，甚至包括在消费产品时所带来的烦恼与不快，考虑消费产品后可能产生不良后果的担忧。另一方面，顾客绝对不会买他未认同的价值。顾客只会购买他们认同的价值，告诉我们定价也要导入由外而内的营销思考模式。由外而内的营销思考模式告诉我们，首先要分析消费者的认知，根据认知价值对产品进行定价。作为定价的关键，不是卖方的成本，而是买方对价值的认知。而认知价值是利用其他沟通手段在购买者心中建立起来的。例如，某保健品在广告宣传中，称是21世纪的保健极品。在宣传中，利用了许多达官显贵使用此类产品的例子作为诉求，但其价格却采用利润加成本的方法，价格与一般保健品价格相差无几。这与消费者对保健品的认知相矛盾，有受骗上当之感，从而导致某些保健品的夭折。

3. 4C理论的第三C是便利

企业应该忘记通路策略，应当站在消费者的角度来考虑如何给消费者方便以购得商品。企业必须深入了解各种不同消费者对购买方式的偏好。从企业的角度来看，企业生产出来的产品，只有通过一定的市场营销渠道，经过物流过程才能在适当的时间、地点以适当的价格供应给广大消费者或用户，满足市场需要。这时企业考虑的是如何大量销售，如何降低成本。然而随着市场营销环境的改变，竞争的加剧，任何通路策略都可以复制。为了形成竞争优势，企业必须不断分析竞争状况，消费者购买行为，如何根据消费者的购买方式的偏好给消费者提供最好的服务和最大的方便。例如，无店铺零售的兴起，就是由于竞争加剧，消费者购买方式和购买行为的改变，职业妇女越来越多，家庭收入越来越高，人们更重视休闲活动，上街到店铺购买商品的时间相对减少，有许多家庭便希望出现更省时、更便捷的购买方式。

从"通路策略"向"消费者购物便利"的转化，实际上也是营销思考模式由内（企业）而外（消费者）向由外而内的转化。塔壳贝尔快餐连锁店实行餐馆业多渠道的销售，就是营销思考模式的改变。在人们心目中，餐馆就是由砖、玻璃、混凝土，以及各种餐馆设施组成的建筑物，这种概念在过去的几十年里，限制了公司对自己的认识。如果把餐馆界定在四周围墙之内，那么，其目标顾客只是在快餐店就餐的人，相应的市场容量仅为780亿美元。但突破围墙，目标顾客单在美国就可达6000亿美元。塔壳贝尔突破了对餐馆的传统定义，把所有要吃饭的人作为目标顾客，砖头混凝土建筑仅仅成为公司多种销售渠道中的一种。于是塔壳贝尔公司开始把食品送到人们的聚集地：写字楼、学校、机场、体育馆等。近几年来，在各大城市兴起的呼救医生，就是方便顾客的流动医院，既方便了顾客，扩大了销售，又树立了医院形象。同时，呼救车走街串巷，成为医院的"流动广告"。此外，还有流动书店——巴士书屋，信用卡购物目录，800消费者免费电话，自动取款机，等等，这一切都是这种思考模式的产物。

总之，分销通路不是由企业决定，而是由消费者自行决定何时、何地，如何购买其所需的商品。

4. 4C理论的最后一个C是沟通

4C理论认为，媒体和消费者传播和接受信息的模式发生了深刻变化。媒体分散零细化，使任何一种媒体的视听众剧烈减少，任何一种媒体都难以接触所有的目标受众消费者。这使传统的大众营销陷入困境。消费者每天接触成千上万的信息，仅广告信息每天有1500~2000个，使得消费者无法对信息进行深入加工和吸收。大多数情况下，只能对信息进行粗浅的认识，这使得传统的促销方式对消费者的影响力开始减弱。企业从试图影响消费者行为的角度来看，这种促销模式显得苍白无力。于是，新的营销环境要求与消费者"对话"，进行沟通，而且是双向沟通。企业必须与消费者进行信息交换。为了达到这种目的，企业必须首先了解消费者的媒体习惯和类型，其次，了解消费者需要何种信息，最后，对消费者的需要进行回应。从促销到沟通转变的必要性的另一个原因，就是产品同质化程度提高，同类产品的相似信息太多，而新产品每天都在不断涌现。产品以及品牌种类与数量膨胀，在媒体以及信息通道快速作用下，消费者无所适从，对信息的认知可能与企业所想象的并不一致。另外，产品生命周期缩短，消费的多样化、个性化也要求企业时刻倾听消费者的声音。

媒体的零细化，产品同质化，消费多样化、个性化，消费者认知差异化要求企业改变促销模式，变促销为沟通，变单向沟通为双向沟通，变单次沟通为循环往复的连续双向沟通。

二、4P 理论和 4C 理论在实践中的互补应用

总的来看，4P 理论主要面向那些无显著差异的消费大众来销售大量制造的规模化产品。它简单明了，易于操作。但随着市场环境的变化，营销新概念的提出和部门营销学的兴起（如大营销、绿色营销、关系营销、服务营销、工业营销等），4P 理论在一定程度上发展了 4C 理论。它以消费者需求为中心，使企业所有的营销活动在市场上针对不同的消费者进行"一对一"的传播，形成一个总体的、综合的印象和情感认同，它不仅是经济发展到一定程度下建立品牌的需要，而且也是确立企业核心竞争力和超越竞争的需要。但如何解决企业的回报和操作性问题、主动与被动关系仍然是 4C 的缺陷。

对企业来说，市场营销的真正价值在于为企业带来短期或长期的收入和利润的能力。一方面，追求回报是营销发展的动力，另一方面，回报是维护市场关系的必要条件，营销目标必须注重产出，注重企业在营销活动中的回报，从而使企业持续发展。另外，要使企业能够广泛接受，并将这种营销思想和方式深入企业的各个部门，必须解决好操作性问题，否则难以在企业里进行广泛推广和应用。何况任何理论的提出和应用都有相应的环境和条件。因此，4P 理论与 4C 理论不是谁取代谁的问题，而是完善、发展的关系。

由于企业层次不同、情况千差万别，市场、企业营销还处于发展之中，尤其是中国还处于市场经济的初级阶段，市场正向营销时代过渡。但整体还处于销售时代，品牌的感召力还有限，更多的企业还未做好产品技术、质量、成本、服务等基本功课。因此，至少在一个时期内，4P 理论还是企业营销活动的一个基本框架。4C 理论也是很有价值的理论和思路，两种理论都有适用性和可借鉴性。

营销的核心是供需双方通过某种传媒的沟通与了解，最终形成交易合约。其衍生物对供方来说是形成忠实的用户群落，对需方来说，是对品牌的认知与忠诚。因此，就各执一端的 4P 与 4C 来说，如同构筑了供方与需方的两座桥头堡，而只有搭起了供求双方之间的桥梁，交易才能完成。因此，在具体运用时，应将两者有机结合，相互借鉴，并根据企业各自的特点灵活地互补应用，方能发挥独特的作用。

第四节
五 W 理论与广告传播

广告与传播有着特别密切的关系。广告学在其发展的过程中是以整个传播学体系作为自己的依据的，从本质上来说广告就是一种信息传播的过程，必须依靠各种传播手段，广告信息才能传递给一定的受众。广告现代化的过程也是和传播技术现代化的过程并驾齐驱的，而作为广告效果的评定，在相当大的程度上也取决于其与信息传播学规律的吻合程度。所以作为广告学的分支学科之一的广告传播学便也处于十分重要的位置。

一、建立广告传播学的客观基础——5W 理论

传播指的是人类交流信息的一种活动，其目的是为了建立共同的认识并共享这种信息。传播学是随着 20 世纪

40年代至50年代电子传播媒介的飞速发展而形成的，它是研究人类一切传播行为和传播过程发生、发展的规律，以及传播与人和社会的关系的学问。

传播学作为一种跨学科研究的产物，同时具有政治、经济、文化、教育、娱乐、技术等方面的特征。由此看出，我们所说的广告具有的"通告""诱导""教育"的功能都属于传播学的内容之一。

而作为传播学正式形成的第一个标识就是美国学者拉斯维尔于1948年在《传播在社会中的结构与功能》一文中，首次提出了构成传播过程的五种基本要素，并按照一定结构顺序将它们排列，形成了后来人们称之为"五W模式"或"拉斯维尔程式"的过程模式。这五个W分别是英语中五个疑问代词的第一个字母：who（谁）；says what（说了什么）；in which channel（通过什么渠道）；to whom（向谁说）；with what effect（有什么效果）。

由此可以看出，对于广告而言，拉斯维尔对定义的五项分析具有重要的意义，五要素构成了广告运动的全部内容。这五个W对广告效果进行了系统的研究，对每一个要素把握得好是广告运动成功的基础。

（1）广告传播的主题"谁"就是"个人或组织机构"，这是广告传播的第一要素。广告传播必须明确广告主，这是由广告传播的目的和责任所决定的。作为商业广告，其目的是向消费者传播商品或提供某种服务信息。当消费者接收到这一信息后，要购买这种商品时，需要了解这是谁生产的，另外，广告传播是要对社会、对消费者负责的，只有明确是谁发出的广告传播，才能真正明确责任。

（2）广告传播的客体是"说什么"，即"信息"。这是广告传播的第二要素。信息具体是指思想观念、感情、态度等，这里的信息不是泛指任何方面的信息，而是限于广告所"诉求"的信息。"诉求"就是"意欲传播""意欲告诉受众什么"的意思。广告主只有把诉求的信息传播给受众，才能实现广告传播的目的。

（3）广告传播的第三个要素即"媒介"——所通过的渠道。传播媒介把信息转化为"适当的符号形式"，只有经过这种转换才可能实现跨越时空的传播。这里"适当的符号形式"，是指广告传播通过特定的媒介或渠道，把信息变成文字、图像或变成语言等符号形式，被传播对象所接受。由于选择了不同的媒介和渠道，则信息变成文字或变成图像也就会随之相应地改变。

（4）"受传者"即"其他人或组织"，是指广告传播的对象，也就是信息的接受者或称为受众。这是广告传播的第四个要素。广告传播总是针对一定对象进行的。没有对象的传播是毫无意义的，即使传播者不能具体确定接受其广告信息的人在那里，人数有多少，是哪些人，但这并不妨碍广告传播是针对某些人来进行的。事实上，广告主在开始发起传播活动时，总是以预想中的信息接受者为目标的。

（5）"反馈"是指广告活动不仅是一个信息传播者向接受者发出信息的过程，还包括信息的接受以及由接受者做出反应的反馈过程在内，是传播、接受、反馈活动的总和。这就是广告传播活动不应看成是一个单向的直线性的传播，而是由接受者和反馈信息构成的一个不断循环、发展、深化的连续而又完整的过程。

二、广告传播的基本原理

（一）广告传播的诱导性原理

广告传播的诱导性原理是：广告信息作为外界刺激，作用于受众引起预期的观念改变和购买行为，这是一个可以通过多种手段诱导实现的心理渗透过程。它包括观念的传播、情绪的传播和行为的传播。

广告传播的直接目的是要让接触广告的人了解并接受广告中包含的信息。要实现这一过程，一种情况是在较短的时间内直接通过广告制作的奇特的画面、语言、音响、色彩等引起受众的强烈的兴趣，另一种是通过潜移默化逐步诱导而达成的。诱导受众逐步接受广告宣传的内容，包括接受广告中主张的消费观念、价值观念和生活方式，以一种无形的力量使受众对广告传播者的观点意见趋于认同。诱导力的大小取决于信息的诱导性强弱的程度。策划制作广告的一切努力几乎同提高广告诱导力有关，所以诱导性原理被人们视为指导广告策划，制作传播的重要依据。

(二) 广告传播的二次创造性原理

广告传播的二次创造性原理，指的是广告传播是一个完整的创造性过程。这种创造性不仅表现在传播者在广告的设计制作、选择传播途径等方面，还体现在广告信息的接受者方面。广告信息的接受者会通过再造想象，在接受传播信息的过程中发挥创造性。信息接受者接受信息同样也是一个创意的思维过程，它可以面对无数信息，根据自己的生活经验加以选择性注意、选择性理解、选择性记忆，而后通过想象、联想等一系列心理活动，做出自己的判断和反应。所以从人的创造性发挥的角度来说，广告传播是一个二次创造的过程。广告传播者应该深刻了解广告传播过程中二次创造性原理，对制作并传播广告信息是有积极意义的。

(三) 广告传播的文化同一性原理

信息在传播中能否被接受或接受的程度，取决于双方共同的经验区域的大小。共同的经验区域越大、越广阔，传播就越容易，接受程度就越高。也就是说广告传播的效果同传受双方的文化状况密切相关。广告传播客观上要求传播者与接受者有共同的文化基础。文化作为潜在的支配者、诱导者时时刻刻促进着或制约着广告传播过程的实现及其效果。

从文化的角度来看，广告传播是一种文化活动。要实现有效的传播，广告信息的制作者、传播者与其接受者应具备共同的价值观念、类似的行为模式以及其他文化方面的共同性。这种共同性越多，传播的效果就越佳。它可以根据文化背景共同性的大小确定广告传播的方式，同时应注意广告中的文化水准要与受众的文化水准相适应。广告制作者应有极强的文化意识，要清醒地看到广告传播在本质上也是一种文化交流，时时从文化的角度去观察广告信息接受者的情况，从文化的角度去调查广告传播成败的深层次的原因。

第五节 6W+6O 理论与消费者行为研究

一、什么是消费者行为

从理论上来讲，消费者为满足其需要必须去选择、获取、使用或处置某种产品或服务，在这个过程中，消费者所表现出来的种种心理活动和外在行为，总称为消费者行为。美国营销协会对消费者行为的定义是：人类在进行生活中各方面的交换时，表现出来的情感、认知、行为和各种环境因素的相互作用的动态过程。从这个定义中我们可以看出，消费者行为具有以下特点。

(一) 消费者行为是动态的

无论是个别消费者还是消费者群体，或者是全体社会，总是处在不断的发展变化中。这种变化对消费者行为的研究和制定营销策略都具有重大的意义。从消费者行为研究的角度来看，对特定的时期、产品和个别消费者和消费者群体来说，一般化的消费者行为是很有局限性的，因此，消费者行为研究必须注意研究最新的调查结果，而不能过分套用理论。从制定营销策略的角度来看，消费者行为的动态属性，意味着与消费者打交道将有无穷无尽的不确定性。同样的营销策略不可能适用于任何时间、所有产品、市场和行业。更进一步地说，在某一点上取得成功的策略，可能会在另一点上遭到惨败。因此，营销者必须采取不同的营销策略以适应不同的市场。

（二）消费者行为是各种因素的相互作用

消费者特定的行为总是在各种个人或社会因素的综合影响下发生的，总的来说，它是消费者情感、认知、行为和环境因素之间相互作用的结果。这意味着要了解消费者，制定切实有效的营销、广告策略，就必须了解消费者的所向（认知）、所感（情感）、所为（行为），以及影响消费者所想、所感、所为，或被消费者所想、所感、所为影响的环境因素。只有对这些因素进行综合的分析而不是仅仅了解其表面，才能够深刻地把握消费者行为的真正动力，并制定相应的策略。

（三）消费者行为是一个过程

消费者行为不仅仅是交换或是消费者掏钱购买的那一刻，它是一个内容丰富的过程。仅从外在行为来看，消费者行为就包括购买前、购买时和购买后的与销售人员的交谈、受到某个现场促销活动的吸引，等等，以及购买后的使用、投诉、包装处理，等等。因此，完整的消费者行为应当包括内在的心理过程（认知处理、情感变化和态度改变等）和上面所讲的外在可观测行为的过程。

（四）消费者行为往往涉及许多不同的参与者

在消费者进行消费活动的过程中，往往会涉及许多不同的参与者。尤其是在家庭购买或组织购买中，通常会涉及发起者、信息收集者、影响者、决策者、购买者和使用者等不同角色，"买者不一定是用者"的情况十分常见。即使在完全独立自主的购买活动中，消费者行为依然不是完全个人化的。消费者可能在使用产品的同时得到别人的评价，而这个做出评价的人可能因此对消费者的下一次购买行为产生比较大的影响，成为消费者行为的参与者。

（五）消费者行为本质上是一种理智行为

前面我们提到，消费者有很大的选择权。实际上，任何消费者的每一次消费活动都有明确的目的性和自觉性。他知道自己要买什么，并做出决定，尽管这种决策有时在旁人看来可能是很冲动的，或是不可思议的，但是在购买的那一刻，消费者本人是有一个判断标准的：所得大于或等于付出。这种判断可能是错误的、不真实的，或者是非常冲动的，但是只要消费者认为是符合标准的，就会促使他做出购买的决定。

（六）消费者行为是有意识的尽量逃避风险的行为

显然，每一次消费都有风险，可能是价格太高（财政风险），或者是功能达不到要求（功能风险），也许是买完某种产品后得不到其他人的肯定（社会风险）。消费者在购买时，尽量会选择他认为"综合风险"最小的产品，使消费者行为表现出尽量逃避风险的原则。

二、6W+6O 理论

国外市场营销学家把消费者的购买动机和购买行为概括为 6W 和 6O，从而形成消费者购买行为研究的基本框架。

(1) 市场需要什么（what）——有关产品（objects）是什么。通过分析消费者希望购买什么，为什么需要这种商品而不是需要那种商品，研究企业应如何提供适销对路的产品去满足消费者的需求。

(2) 为何购买（why）——购买目的（objectives）是什么。通过分析购买动机的形成（生理的、自然的、经济的、社会的、心理因素的共同作用），了解消费者的购买目的，采取相应的市场策略。

(3) 购买者是谁（who）——购买组织（organizations）是什么。分析购买者是个人、家庭还是集团，购买的产品供谁使用，谁是购买的决策者、执行者、影响者。根据分析，组合相应的产品、渠道、定价和促销。

（4）如何购买（how）——购买组织的作业行为（operations）是什么。分析购买者对购买方式的不同要求，有针对性地提供不同的营销服务。在消费者市场，分析不同类型消费者的特点，如经济型购买者对性能和廉价的追求，冲动型购买者对情趣和外观的喜好，手头拮据的购买者要求分期付款，工作繁忙的购买者重视购买的方便等。

（5）何时购买（when）——购买时机（occasions）是什么。分析购买者对特定产品的购买时间的要求，把握时机，适时推出产品，如分析自然季节和传统节假日对市场购买的影响程度等。

（6）何处购买（where）——购买场合（outlets）是什么。分析购买者对不同产品的购买地点的要求，如消费品种中的方便品，顾客一般要求就近购买，而选购品则要求在商业区（地区中心或商业中心）购买，以便挑选，特殊品往往会要求直接到企业或专业商店购买等。

三、消费者行为研究的主体内容

6W 和 6O 分析具有很强的操作性，但是很难深入地把握消费者为什么会这样。实际上，消费者行为学本身有着非常周密而严谨的理论体系。上面我们谈到消费者的行为具有较强的目的性，那么这种目的是什么？当然，从本质上来讲，这种目的是为了满足消费者的需要和欲望。但是，消费者的需要和欲望又是怎样形成的呢？

消费者行为学假定消费者在各种内部因素（生理、心理）和外部因素（社会、媒介、相关群体等）的影响下，形成了自我形象和生活方式。这种生活方式导致消费者产生相应的需要和欲望，并且经常以消费产品来获得满足。一旦消费者面临相应的情境，就会启动相应的决策程序，并做出消费的选择。反过来，这种消费活动和体验又会对消费者的内部特征和外部环境产生影响，从而引发自我形象和生活方式的改变。在这种相互影响的过程中，消费者行为变得更加丰富多彩。

具体而言，消费者行为的主要研究内容包括以下几个部分。

（1）外部因素与消费者行为之间的相互作用。主要从文化、亚文化、相关群体、家庭一级市场营销活动等方面来进行研究。在不同的文化背景下，由于价值观的不同和生活方式的差异，消费者的消费模式（购买方式、购买习惯、使用习惯等）有着明显的差别，而相关群体和家庭则会对消费者的购买决策产生广泛的影响和作用。

（2）内部因素与消费者行为之间的相互作用。主要研究消费者的认知处理过程（如何认识产品或品牌、记忆中的知识与通过知觉系统得到的新信息如何共同起作用等）、情感变化过程（消费者对产品和品牌的情感形成过程、情感对购买活动的影响、消费者对产品的参与状态等）、态度改变过程（如何形成对产品或企业的总体态度、态度对最终购买行为的影响、如何改变消费者态度等）。

（3）消费者的决策过程。研究消费者从如何认知产品开始，搜寻信息、评价选择项、做出购买决定以及产生不同的购买行为，特别是情境（也就是特定的环境因素）对消费者行为的具体影响作用。

（4）消费者行为的学习。除了认知学习外，还研究如何通过改变消费者行为之前和之后的结果来达到改变消费者行为的目的。比如，通过观察自己的朋友因为购买了一件流行的衬衫而得到大家的赞赏，消费者自己也去购买同样的衬衫，或者在消费者购买行为之后给予一定的奖励（优惠券），以鼓励消费者下一次继续购买。

（5）消费者的需要和动机的产生、自我形象与生活方式的形成。

第六节
认知理论与广告心理研究

一、认知与认知理论

认知可分为广义和狭义两种。狭义的认知是只将认知解释为认识或知道，属于智能活动的最底层，是一种觉醒状态，只要知道有该信息存在即可；广义的认知是指所有形式的认识作用，这些认识作用包括感觉、知觉、注意、记忆、推论、想象、预期、计划、决定、问题解决及思想的沟通等。而认知在心理学的发展上则是采取广义的定义。

从20世纪60年代开始，心理学走向了认知方面的发展，这种重视认知系统的情势普遍地影响整个心理学研究。受到这种认知风潮的影响，个体的认知状态与认知改变的过程开始受到重视。同时，在各大学相关科系中，也开始出现介绍认知－行为的课程，行为学派对认知因素的重视与日俱增。

认知行为理论，根源于行为学派。行为学派的发展是在20世纪50年代，但其理论的中心思想却要追溯到更早的行为主义的思想。在行为主义者眼中，心理学应该是完全客观的自然科学的一个分支。因此，具有行为主义思想的行为学派与其他学派最大的不同也就是在于：其特别注重科学的方法与精神。行为学派认为理论必须以客观实验数据为基础，对认知与行为的把握也必须由客观的方法加以测量与评估。所谓认知理论，即通过对个体认知的一系列过程的研究，来探讨认知对行为的影响，得到客观测量与实验的研究结果，并应用这些研究结果去引导个体的行为，进而达到解决个人与社会的问题。

在认知运动兴起之后，行为学派发展出另一个趋势，即认知行为学派。传统的行为学派，不管是古典制约或操作制约，都将个人视为刺激－反应联结的个体，而完全将刺激与反应中间的认知思考过程排除在外。但事实上，人的许多复杂行为并不单纯的只是一些反射反应的集合，在接受刺激做出反应之间，还有一连串的、复杂的、外表不可见的思考运作过程。因此，近来行为学派的学者，也开始注意认知因素的影响，他们同时也了解到认知的改变将使一个人行为的改变更容易、更持久。

二、认知理论与广告心理学

现代社会中，广告已经成为人们生活中不可缺少的一部分。如果用一个简明的等式来表述的话，广告可以理解为广告＝科学＋艺术。科学是基础，艺术是表达。与广告发生关系的学科有多种，如传播学、营销学、心理学等，其中心理学具有重要的基础地位。广告直接引导着消费者行为，因此要准确了解和把握目标消费群体的心理和行为特征，就必须运用心理学的原理和研究方法，否则就容易错位。基于广告与消费者行为有着密不可分的关系，所以把心理学领域的认知理论引入广告心理学研究中是大有裨益的。如何分析消费者的认知过程，如何把握消费者的心理特征，如何通过对消费者认知与行为的研究来制定有效的广告策略，已经成为广告心理学研究的重点。

一个成功的广告，在于积极地利用有针对性的诉求，把广告主所需传播的信息进行加强，传递给消费者，从而引起消费者的注意，使消费者对广告主的产品发生兴趣，并进而刺激消费者的欲求，促使其产生购买行为。可以看出，广告发生作用的这一机制和过程完全是心理性的，而广告也是针对消费者的物质欲求心理而发。这就是所谓的广告的心理功效，它是广告宣传通过对消费者的感觉和知觉刺激去激发消费者的认知过程的结果。广告的作用机制与消费者的认知过程有着高度的契合，心理学的法则渗透于广告传播与消费者认知过程中的每一个环节。

（一）感觉和知觉

感觉是人脑对直接作用于感觉器官的外界事物的个别属性的反应，而知觉则是人脑对直接作用于感觉器官的客观事物的整体反应。感觉和知觉都是人脑所固有的本能，是人的心理活动的基础。

感觉和知觉的途径有许多种，但对人的认识有重要作用的，首先是视觉、听觉和知觉。对于广告宣传和创作来说，有重要意义的，也是视觉、听觉和知觉这三种认知形式或途径。广告宣传在事实上就是从对这三种认知形式的刺激开始的。

1. 视觉刺激

一个正常的人从外界接受的信息中，80%至90%是通过视觉而获取的。视觉是我们认识外部世界的主导器官。而广告活动就是把通过对视觉器官的刺激使消费者产生兴奋作为一种基本手段。

视觉包括颜色视觉、暗适应与明适应、对比和视觉后像等内容，其中，颜色视觉对广告心理学有着特殊的意义。因为颜色对人的心理情绪和行为有着十分重要的影响，因而，人们对颜色的这种重要性的认识也越来越深刻。

色彩在广告中的使用，是应用颜色的视觉刺激原理的结果。在广告中应用的颜色视觉刺激，至少有以下几个方面的功效。

（1）吸引人们对广告的注意。

（2）完全真实地反映人、物和景致，从而给人美的感受。

（3）可以强调产品和宣传内容的特定部位，从而加强视觉刺激，加深消费者对广告的关键内容的记忆。

（4）表明销售魅力中的抽象质量，从而增强体认效果。

（5）使广告在第一眼就给人良好的印象，从而为广告的项目内容、产品或广告作者本身树立威信。所有这一切，无不是围绕着加强刺激、增强记忆做文章。

2. 听觉刺激

听觉刺激也是广告宣传发挥其功效作用的有效途径。实践证明，音的高低、响度的大小和音色的优美，对广告宣传具有极为关键的影响。广告宣传不仅要考虑这三种因素的选择，而且还应该注意由它们演变或相互作用形成的听觉变化。

人对声音的选择比较复杂。有的广告心理学家指出，男性高音与女性低音所产生的效果，比男低音和女高音的效果要差，给人的感觉也不舒服。另外，从社会和心理的意义上来说，噪声对广告宣传具有反作用。此外，广告的气氛和环境对声音也有严格的要求。因此，在进行广告宣传时，应该小心行事，选择好广告伴音的音色、音高和响度，有效地发挥听觉刺激的愉悦效应，避免造成过度的令人厌烦的听觉刺激。

3. 广告知觉的选择性

从某种意义上来说，对广告的认识和接受问题，就是人们对广告的知觉问题。人们并非仅仅从声音、颜色和广告格局上认识广告，而是对广告做出整体反应。就这一点而言，广告知觉的研究，是广告心理学的真正起点。

知觉的选择性过程是外部环境中的刺激与个体内部的倾向性相互作用、经信息加工而产生首尾一致的客体印象的过程。它具有主动、积极和能动的特性。研究证明，在日常生活中，消费者对环境中所遇到的刺激下意识地进行着选择，消费者在不自觉地寻求一些东西，避开一些东西，忽略一些东西。消费者实际知觉到的，只是其所面临的刺激的一部分，而其对刺激的选择，依赖于刺激本身的特性及其本身的一些内在主观因素。

市场刺激有大量的变量，如产品的特性、包装设计、色彩、形状、商标、名称、广告与广告节目的设计、模特儿的选择、广告节目的播放时间，等等，诸如此类的因素，都会对消费者的信息接收产生影响，从而影响消费者的知觉选择。人们在其知觉选择中表现出明显的防御性，对感兴趣的东西尽力接纳，而对感觉恐惧或感觉有威胁的刺激则尽可能地不去感知。同时，在人们对环境中各种信息进行选择时，并没有产生离散的感觉，而是把它们组合起来，作为一个整体来识别。因而，在我们的广告设计中，就应该对诸如主次关系、图形与背景的关系、信息联想等这样一些问题进行艺术化处理，引导消费者在接受广告的信息刺激的同时，产生一些有关产品的美好联想，从而激发消费者的购买动机。

（二）吸引注意

广告诉求的原理，即"AIDAS"，包含引起注意（attention）、产生兴趣（interesting）、刺激需求（desire）、激起购买欲望和行为（action）、使购买者满意（satisfaction）几个方面。这里我们看到，注意是达到广告诉求目的的第一步。

1. 注意及其特征

注意具有两大特点：指向性和集中性。所谓指向性，表明的是人的心理活动所具有的选择性，即在每一瞬间把心理活动有选择地指向某一目标，而同时离开其他对象。所谓集中性，是指人的心理活动只集中在少数事物上，对其他事物视而不见，听而不闻，并以全部精力来对付被注意的某一事物，使心理活动不断地深入下去。在广告活动中，充分地利用注意的这两个特点，可以使消费者专注于广告宣传对象，使之离开一切与广告宣传无关的其他事物，这样，就可以使广告宣传的内容在消费者的心理活动中得到清晰、鲜明的反映。

2. 消费者注意广告的形式

根据产生和保持注意的有无目的和意志努力的程度不同，在心理学上把注意分为无意注意和有意注意两种形式。研究注意的这两种形式，对于广告人员来说，搞清楚人们如何注意，怎样引起人们的注意，对广告设计有很大的价值。

无意注意是指事先没有预定的目的，也不须做任何意志努力的注意。引起无意注意的原因，可分为客观刺激物的本身和人的主观状态。在设置广告时，这是必须考虑的两个因素。

有意注意是指一种自觉的、有预定目的的、在必要时还需要付出一定的意志努力的注意。有意注意是根据人的主观需要，把精力集中在某一事物上的特有的心理现象。其特点是，主体预先有内在的要求，并将注意集中在已暴露的目标上。有意注意是一种主动服从于一定的活动任务的注意，它受人的主观意识的自觉调节和支配。相对而言，有意注意对广告刺激的要求，没有无意注意要求的那么高。

3. 如何使广告受到人们的注意

广告界流行这样一句话：使人注意到你的广告，就等于你的产品推销出去了一半。可见在商业广告设计中，充分应用注意的心理功效，是提高广告效果的重要环节。根据注意产生的原因及特点，广告宣传与创作要吸引和维持消费者的注意，大多采用如下办法：

（1）增大刺激物的强度；

（2）增大刺激物之间的对比；

（3）提高刺激物的感染力；

（4）突出刺激目标。

（三）增强记忆

记忆是人们在过去的实践中所经历过的事物在头脑中的反映。对广告信息的记忆是消费者思考的问题。能否记住广告信息的内容是消费者做出购买决策的必不可少的条件。因此，在广告设计中有意识地增强易于消费者记忆的效果，是非常必要的。

1. 广告记忆过程的基本特征

人的一般记忆过程和广告的记忆过程，都可以相对地分为识记、保持、再认和回忆四个基本环节。广告识记就是识别和记住广告,把不同的广告区别开来,使记忆在头脑中不断积累的过程。保持是巩固已得到的广告宣传的过程。回忆是把过去发布过的广告进行回想的过程。再认是当过去的广告再度出现时能把它认出来的过程。对广告的记忆过程进行研究,其目的是系统地了解广告对记忆进行促进的全过程,从而在今后的实践中充分地利用广告促进记忆的功效,进行广告设计,以求获得更好的广告效果。

广告识记是获得广告的印象并成为经验的过程。理论上可以把广告识记划分为有意识记和无意识记。

无意识记广告是事先没有自觉的和明确的目的、不用任何有助于识记的方法、也没有经过特殊的意志努力的识记。广告的有意识记则是具有明确的识记目的,运用一定的方法,经过一定的意志努力的识记。有意识记广告是一种复杂的智力活动和意志活动,要求有积极的思维活动和意志努力。它在广告宣传中具有重要意义,人们掌握系统的知识、系统的广告内容,主要依靠有意识记。

对过去经历过的广告宣传重新出现时能够识别出来,这就是广告再认;而对过去出现和经历过的广告能够回想起来,则是广告回忆。对广告的再认和回忆都取决于对旧广告的识记和巩固程度。保持巩固,则再认或回忆就容易,否则,就很困难。借助于广告的再认或回忆,可以大大地巩固广告的效果。

广告的保持是过去接触过的广告印象在头脑中得到巩固的过程,它是大脑把广告信息进行编码、储存的过程。相反,广告遗忘则是对识记过的广告不能再认或回忆、或表现为错误的回忆的现象。广告保持和广告遗忘是相反的两个过程。它们对广告学的意义在于,广告保持不仅能巩固广告识记,而且是实现广告再认或回忆的重要保证,另外,我们在广告宣传中,要根据遗忘规律有针对性地安排广告的重播时间,以强化广告的记忆和保持。

2. 增强广告记忆的心理学方法和广告策略

根据记忆原理及其个性差异,在广告宣传中采取有效的办法,正确地发挥记忆在广告过程中的作用,可以采取以下策略:

(1) 适当减少广告识记材料的数量;
(2) 充分利用形象记忆优势;
(3) 设置鲜明特征,便于识记、回忆和追忆;
(4) 适时重复广告,拓宽宣传途径;
(5) 提高消费者对广告的理解;
(6) 合理编排广告重点记忆材料的系列位置;
(7) 引导人们使用正确的广告记忆。

(四) 促进联想

所谓联想,就是人们在回忆时由当时感觉的事物回忆起有关的另一件事,或者由所想起的某一件事物又记起了有关的其他事物的一种神经联系。依照反映事物间的联系的不同,联想可以分为四类:接近联想、类比联想、对比联想和关系联想。

无论是哪一种联想,都可以帮助人们从别的事物中得到启迪,促成人的思维活跃,引起感情活动,并从联想中加深对事物的认识。在广告宣传中,有意识地运用这种心理活动的重要功能,充分地利用事物间的联系形成各种联想,可以加强刺激的深度和广度。

运用联想的商业广告设计,实际上是对有关信息的升华,是具体和抽象的综合表现的广告手法。具体的方法很多,如可以用消费者熟知的形象,也可以创造出深入浅出、耐人寻味的意境,来暗示商品与劳务给人带来的乐趣和荣耀等。总之,采用直喻、暗喻或声喻等手法揭示有关信息的内涵。这种信息传递往往可获得引人入胜的艺术魅力,给消费者留下了艺术再创造的余地,从而增强主题的说服力。

在商业广告中充分发挥联想的心理功能,必须以充分研究广告目标市场的消费习惯、消费水平和消费趋势为基础,掌握广告目标消费者的心理需求,从而有针对性地利用各种易于创造和激发联想的广告因素,使广告信息取得联想效果，适应消费者的知识经验和审美欲求，使之产生对产品的信服、向往，刺激其产生有益的共鸣和感情冲动，从而促进其信心，导致消费行为。

（五）说服消费者

所谓说服，就是使某种刺激给予消费者一个动机，使之改变态度或意见，并依照说服者预定意图采取行动。广告的心理功效，就是最终说服消费者采取购买某种商品或劳务的行动。

心理学研究证明，为了完成说服消费者的目的，必须具备以下条件：

（1）使接受者对说服者的诉求产生共鸣或关心；
（2）使接受者依照说服者的指示，采取一定的行动；
（3）使接受者与说服者采取同一步骤或立场；
（4）使接受者赞成说服者的意见或行动；
（5）使接受者重视说服者的立场或信念。

此外，在说服的过程中，还有一项重要的内容，这就是必须提出一个问题，并且针对这个问题改变他人的态度或意见。因此，广告的目标市场或目标消费者的定位和指向，在广告宣传中具有十分重要的意义。

广告的说服是通过诉求来达到的。所谓诉求，也就是指外界事物促使人们从认识到行动的全心理活动过程。广告诉求，就是要告诉消费者，有些什么需要，如何去满足需要，并敦促他们为满足需要而购买商品。一般有以下几种方法。

1. 知觉诉求

知觉诉求是指用直接或间接的事物形式来诉求。直接的知觉诉求，使人有身临其境之感。亲身体验，容易增强人们的信心，广告效果一般比间接的知觉诉求好，但间接诉求可以广泛使用，不受时空限制，因而在实际中大多数广告采用间接诉求，而把直接诉求作为一种辅助手段。

2. 理性诉求

理性诉求是指偏重于运用说理的方式，直接陈述商品的好处。运用理性诉求的广告，多是技术型的商品，或与人身安全有关的商品。

3. 情感诉求

情感诉求是指采用富有人情味的方式，着重调动人们的情感，诱发其购买动机。情感诉求是以满足人们的"自我形象"的需要作为诉求重点的。

4. 观念诉求

观念诉求是指通过广告宣传，树立一种新的消费观念，或改变旧的消费观念，从而使消费者的消费观念发生对企业有利的转变。

在商业广告中，巧妙地运用这几种类型的诉求，可以收到相当可观的说服效果。

三、广告的心理战术

随着商品市场多样化，瞄准消费者的广告变得越来越重要。事实上，广告在这里承担着市场领导者的作用。然而，人心不同各如其面，人的这种差异完全是心理性的，因此，商品也就必须配合人的不同需求心理去设计，广告也是如此。尤其是在所有的商品越来越趋于同质化之后，这种心理上的针对性就显得更重要。

（一）选择适合心理诉求的广告媒介

广告媒介包括报纸、杂志、广播、电视、户外广告和直接函件等一切能使广告接受者产生反应的手段和方法。但不同的广告媒介在消费者中所能激起的反应程度是不同的，因此，如何选择最适合于心理诉求的媒介，就成了广告的心理策略的第一个问题。

（二）制作更佳的印象

广告在刺激消费者的心理活动之后，表现为在神经中枢的印象反映。富于想象力的文案或广告画面能给人以更强烈的刺激，从而产生更佳的印象，使广告的魅力和艺术表现力大增，同时，也可加强心理诉求效果。能启发想象力的广告，可以使读者心理移向新的领域，使得读者具有实际使用广告商品和服务时的那种美好感觉的想象。这对商品的销售是极有帮助的。

（三）刺激欲望

所谓刺激欲望，就是通过广告宣传，激发消费者潜在的特殊欲求，从而促使其购买能够满足其心理欲求的商品。这一过程事实上就是说服购买的过程。为使消费者产生购买欲望，"商品对我们有什么好处"就成为广告诉求的重点，也就是说，站在消费者的欲望立场，说明有关商品的特性。

（四）利用时尚流行

时尚流行是社会生活的一个普遍现象。宣传流行商品的广告，应注意几个重点。首先对权威言行的渲染，是广告推动和利用流行的手段之一；其次，注重广告的新闻效果，为创造流行准备条件；再次，发挥教育者和消费指导的功能；最后，要注重对流行商品的赞赏，刺激逞强的模仿的欲求行动。

（五）注重个性

注重个性，也就是在广告宣传中突出商品的特性和不同于其他同类产品的优异之处，从而刺激消费者的荣誉感。这也是广告宣传的策略，是对目标市场进行分类后的要求。

第六章
广告运作规律
GUANGGAO YUNZUO GUILÜ

第一节 广告活动的一般规律

一、广告活动的一般规律

广告活动是通过广告主、广告代理公司、外援、广告媒介、广告受众五者之间的互动而展开的。随着广告活动的精确性和科学性的提高,广告的专业化也日益提高。一个再全面的广告代理公司也需要邀请外援的帮助,因而,外援成为广告活动的第五个参与者。广告主是广告信息的发布者,广告受众是信息的接受者,广告媒介是广告信息的传播载体,而广告公司和外援则是这三者的连接体。

广告主发起广告活动,付出一定代价,与广告公司之间产生交换;广告公司承揽业务,制作广告作品,通过代理行为,与广告媒介交易;外援接受广告公司的要求,提供专门性的服务;广告媒介出卖时间和版面,发布广告信息,传达给消费者,从而完成广告交易过程,这就是广告活动的一般规律。

(一) 广告主

广告主主要是指商品生产者、服务机构、转卖商(包括零售商、批发商和经销商)以及政府机构和社会团体。它是整个广告活动的起点。广告主发起广告活动,它寻找代理商,通过与广告代理商的交换与合作,达成自身的广告目标,满足经济利益,获得更多效益。

(二) 广告代理公司

广告代理公司是广告市场的经营主体之一。目前有综合型的全面代理公司。专门化的代理公司包括创意公司、媒介购买公司以及企业和媒介专属的广告公司。在广告市场的整体活动中,广告公司居于核心的地位。通过承揽广告业务,广告公司与广告主形成了合作关系,通过自身的专业化广告运作,广告公司完成整个广告的策划活动;通过代理,广告公司向广告媒体购买广告版面和时段,将广告信息向最广大人群投放,争取目标受众,以达成广告目标。通过自身的服务代理行为,广告公司获取经济效益。目前,我国广告市场的现状是,尚未建立起以广告代理为核心的合理的运作机制,以及以广告代理为主干的合理的市场结构和体系,广告市场仍处于发育阶段。

(三) 外援

随着整合营销传播的盛行以及广告业专业化程度的提高,即使全面代理广告公司也无法完整出色地完成每一项活动,因而,外援日益在广告活动中担负起重要的角色。虽然广告公司可以给广告主提供许多服务,并且正在增设更多的服务项目,但广告主往往要依靠专门的外援进行广告的策划、准备和发布。外援就是指向广告主和广告公司提供专门服务的组织或者个人。这些外援通常包括营销和广告调查公司(为广告主调查产品潜在市场或消费者对产品和服务的看法,以及提供效果测定)、制作公司(在广告的制作过程中和过程后提供一些必不可少的服务)、咨询顾问公司(就广告活动的相关领域提供咨询服务)以及其他传播公司(主要包括公共关系公司、直销营销公司和销售推广专业公司)。

(四) 广告媒介

在规范化的广告市场运行中,广告媒介担当的角色主要是广告信息的发布者。媒介是广告媒体资源的供应者,通过出卖版面和时段来获取经济效益。媒介组织主要包括电子媒介、印刷媒介、互动媒介以及一些辅助性媒介和媒介集团。在广告信息的传播过程中，广告媒介起到了重要的渠道作用。对于广告市场而言，它往往形成渠道提供和制约。借助媒介渠道，广告公司向广告目标受众传播广告信息。不同媒介发送广告信息，会到达不同受众。

（五）广告受众

广告活动的目的是通过改变或强化广告受众的观念来达成广告目标。受众是整个广告活动的终点，也是广告全过程的重要评价者。在广告活动中，受众是无须付出任何物质代价的直接受益者。同时，广大受众通过广告了解商品或服务信息，依据自身需求产生广告媒介购买行为，使广告目标得以实现。这是推动广告市场发展的重要条件。

二、现代广告活动环境发生的变化

（一）现代广告活动面对着更为复杂的消费者

广告发展至今，作为消费文化中的一员，现今的消费者从小就学会了识别广告，并能做出非常成熟的理解。消费者基本上都知道广告主希望他们如何理解广告，但他们也有自己的需求、习惯和偏好的理解方式，他们还知道其他消费者对这个产品和这条信息的看法。鉴于这些因素，消费者对广告的理解会使广告既具有一定的意义，能满足自己的需求，又不会完全违背广告主对消费者的期望。处于社会嬗变中的消费者，观念、思想和行为都发生了潜移默化的转变，他们观看广告但不一定会对其产生行动，推崇品牌但不迷信品牌，跟随潮流但又标榜自我。同时，社会分层也将消费者分成不同的群体，这些群体具有不同的消费心理和消费行为。消费者对广告的要求已经不拘泥于提供信息、方便生活的作用，他们更要求广告能够带来审美效果以及教化功能。广告要想打动消费者的心，就必须深入社会，深入生活，对社会和消费者进行解构，已经远远地超出了以往广告所要付出的代价。

（二）从单向的说服性传播转变为全方位的信息沟通

在当今信息社会里，消费者获得信息的渠道越来越多，面对如此繁复的信息，消费者只能凭主观感觉，迅速、浅层地处理这些信息，这时信息就很容易被忽略或误解，沟通也就无从谈起。因此，广告主只有采取全方位的信息统一战略，尽可能地把同一信息传递给消费者，这就是整合营销传播，统一运用促销工具，使之产生协同传播作用的活动。也就是说，企业对所用的每一种传播形式，从最精细的纯制作电视广告到公司信封信笺上的抬头，都严格把关，以便每一种形式都能打动消费者。广告主对特定的时期内的每一种传媒形式进行检查，确保单纯、清晰、引人入胜的信息能够传达给预定的受众。一般来说，广告在营销组合中的作用主要是集中所有的广告努力，共同向目标受众传达产品或服务所能提供的价值。然而，价值却不仅仅由产品或服务本身组成。的确，消费者在产品或服务中寻求价值，但他们也需要方便的地点、信用条款、保证条款和送货方式等诸如此类的东西。此外，消费者在选择品牌的过程中还会追求一系列的情感价值，如安全保障、归属感、从属关系以及社会威望等。因为消费者追求这些不同的价值，因此，营销人员必须决定突出哪些组合成分，如何以恰当的方式组合这些成分，使之能吸引顾客、满足顾客。这些组合方式就要求广告公司必须采用整合营销传播以达到吸引和满足受众的目的。

（三）媒介环境中正在出现一股潜流，随着互联网的普及，互动广告形式出现

媒介产业化进程正在日益提上日程。2003年，国务院开始提出新闻制度改革，无疑将加快这一步伐，有望在困扰媒介产业化的制度问题上打开一个突破口。暂且不提现有媒介产业化的真假，媒介数量在呈现出几何级数的增长速度后得到控制，但仍是一个庞大的数字。这样的媒介环境，无论对广告主还是广告受众，都产生了明显的影响。一方面，广告公司对媒介的选择范围扩大，影响了以往媒介的垄断地位，其次媒介购买公司在与媒介谈判过程中具有了更大的砍价能力；另一方面，广告受众在媒介以及节目中游离不定，广告效果降低迫使媒介必须两手一起抓，一手制作受众欢迎的节目，一手加强与广告主的联系。中央电视台在每年的广告投标会之前都会主动

与其潜在大客户进行直接联系，这表明，媒介已经走出了原有的领地，开始潜心培育自己的广告大客户。互联网无疑是20世纪以来最伟大的发明之一，人们的交往形式产生了新的变化。互动广告直接改变了以往消费者接受广告的状态，消费者能够即时与广告进行深入的双向交流，使其与品牌的对话随心所欲。

第二节 广告公司的运作规律

广告公司及其经营管理活动是整个广告运作框架的核心和轴心。广告公司是广告业的核心组织。广告公司一般可分为广告代理公司、广告制作公司、广告主或媒介自办广告公司。从国际广告公司发展过程以及广告自身运作的发展前景来看，广告代理公司将是大势所趋。随着广告市场的竞争和发展，广告代理公司也将区分为全面服务型广告公司和专门型广告公司。整合传播要求广告主需要对整个广告活动进行策划和监控，所以，全面服务型广告公司将占主体。因而，本节将以国外全面代理公司为借鉴对象，探讨其运作规律。

一、广告公司的组织机构与职能划分

（一）客户服务部

客户服务部最主要的任务就是与客户共同决定如何使客户的产品或服务最有效地利用广告。首先必须明确客户的产品或服务能够提供哪些利益，这种产品或服务的潜在目标受众是谁，以及这种产品或服务的最佳竞争定位在哪里，然后设计出一套完整的广告计划。有时，广告公司的客户服务部还可以提供基本的营销和消费行为调查。有些广告公司还拥有分析人员，可以进行基本的消费行为和消费者价值观调查，测试产品概念，评估广告效果。该部门由客户联络、客户总监或客户经理带领，统筹整个广告活动。客户部经理还与客户一起，通过广告公司的创意部将文化价值观和消费者价值观转化成广告信息。最后，他们还要与媒介部一起制定出有效的媒介战略，以便以最佳的方式发布广告，到达目标受众。客户部的一项重要任务就是使公司内的不同部门（创作部、制作部、媒介部）在预算内按计划完成广告任务。

（二）市场调查和研究部

市场调查和研究部主要负责对广告实施前的有关产品、消费者、市场等进行调查分析，对广告计划、营销计划和广告作品的测验，以及对广告实施后的效果进行调研和总结。因而它的工作是贯穿于整个广告活动的始终的。调查总监领导调研小组制订调查的方案和执行计划，在规定的时间和预算内决定收集的资料来源以及需要调查的内容，然后由调研小组执行实施细则，包括调查的时间、地点、方式以及人员安排，等等。最后将调研所得数据编入计算机进行统计分析，形成调查报告，以书面的形式交给其他部门，作为他们进行当前或今后广告决策的依据。

（三）创意部和制作部

创意部人员的职责就是用有趣而难忘的方式表达产品或企业品牌的价值。广告公司的创意小组一般由创意指导、艺术指导和文案人员组成。制作部包括制作人（有时为导演），由其将创意转换成具体的广播、电视和印刷广告。制作人员负责物色场地、招聘导演、寻找合适的演员以及与制作公司和后期制作公司签订合同。另外，制作人通常要对广告的制作进行管理和监督。创意部和制作部人员为客户提供的市场价值带来活力，并通过对广告信息进行加工和润色表现产品价值。有些广告公司还拥有专门的辅助性媒介，这些辅助性媒介包括路牌、招贴、交

通广告和礼品广告（例如带有企业标识的赠品）等。

(四) 媒介策划与购买部

媒介策划与购买部负责发布广告，它们面临的核心难题在于决定用哪种媒介组合方法使广告作品最有效地到达目标受众。媒介策划人和媒介采购员首要需要审查大量的媒介，然后在客户预算允许的范围内制订一个有效的媒介组合计划。然而，媒介的策划与购买并不单纯地指向媒介购买广告空间，为了加强广告信息的作用，媒介部必须制定各种媒介战略。目前，广告公司正协助客户在互动媒介、网络以及一大堆的新媒介中进行选择。不少广告公司都已经应客户的要求在网上设计了网站。媒介部的三种职位一般是媒介策划、媒介采购员和媒介调查员。

(五) 营销服务部

随着广告公司对整合营销传播的重视和应用，有些全面广告公司在机构设置上专门设置了营销服务部，其职能通常包括销售推广、活动赞助、直销营销和公共关系。广告公司提供的销售推广和活动赞助营销服务包括为客户设计竞赛、抽奖、奖金或特别赠送活动以及为商业开发预备资料等。这些营销专家协助客户确定是否应该赞助活动、如何赞助活动。有些广告公司设置专属营销部进行直销营销活动的策划，并将这些活动与企业的主要广告活动整合起来。在当今这个整合营销传播盛行的时代，广告公司发现越来越多的客户要求将所有的传播形式与广告努力整合为一体。有些全面服务广告公司正在自己的营销业务范围中增加公共项目，希望能够更多地控制客户的营销传播，确保整合营销传播的真正实现。

(六) 公共职能部

和其他行业一样，广告公司也必须管理自己的商务活动，因此，广告公司也有行政部、人事部、财务部，以及向客户推销本公司服务的销售人员。行政部主要为公司的运作提供协调功能。财务部除了对自身公司财务进行管理和监控外，还要对每次广告策划活动的经费预算进行核查和控制。人事部主要负责对公司内部员工的激励和奖惩，还要随时为公司注入新鲜的"血液"，保证公司人员的正常流动，制定积极的人力资源考核方法，激励公司员工发挥出自身的最大价值。

二、广告公司的运作流程

广告代理公司的业务从接受广告主的委托开始，然后进行广告策划，最后将广告作品传达给目标受众，广告效果调查数据反馈给广告主，这样广告公司的一次完整的广告运作活动才算完成。整个广告代理公司的运作流程需要经过以下基本流程。

(一) 客户委托

这是广告公司业务开始运作的起点，以得到客户的代理委托书为工作目标。广告主需要广告公司对其产品或服务进行代理，达到广告主预期的效果。广告公司首先通过客户服务人员与客户进行接触与沟通，了解客户委托代理的意图和愿望，委托代理的业务内容及其欲达到的目标，并向客户全面推介本公司。然后广告公司调研部开始初步收集相关的市场资料，为具体代理业务活动的开展做好初步准备。最后召开由双方高层管理人员和相关业务人员共同出席的客户说明会，由客户代表正式说明委托代理的业务内容，并详细通报有关客户的基本情况，包括产品、通路和市场状况以及客户的营销状况与营销目的等，完成客户与广告公司高层与深层的沟通与交流。

(二) 前期准备

广告公司得到客户的正式代理委托书后，就要确定具体的工作计划，为紧接着的广告策划做好充分的准备。这个阶段的工作主要是召开业务工作会议，对客户委托代理的业务项目进行具体的讨论和分析，确认这项业务推广的重心和难点，检查相关资料的收集是否齐全。如资料不够详细，还需要进行对该种资料的市场调研以及结论分析。资料收集详细后，制订为开展此次业务的具体工作计划。工作计划包括确定该项目的客户联系人与业务负责人,以及具体工作内容与工作进度的安排。

(三) 广告策划

这一阶段的工作为广告公司业务运作的重点,是广告公司代理水平与服务能力的集中体现。其主要工作内容为建立具体的广告目标以及为达成这一目标实施策略手段,也就是具体规划如何以最适当的广告信息,在最适当的市场时机,通过最适当的传播途径,送达最适当的广告受众,最有效地实现预定的广告目的。其重要的工作方式就是广告策划会议、广告创意与表现会议。完整的广告策划方案或广告计划书,是这阶段需要达成的工作目标,如果广告公司还为广告主代理整合营销传播的其他内容,则需要同样制订详细的执行计划。

(四) 广告提案

广告提案是指广告策划阶段所形成的广告策划方案或广告计划书。广告提案包括两个内容:一是广告公司对提案的自我审核与确认;二是再让客户对该提案进行审准与确认。因而这一阶段的工作方式为公司的提案审核会议,以及对客户的提案报告会。公司的业务审核,由公司的业务审核机构执行,或由公司资深的业务人员组成临时会议,具体负责在正式向客户提交前,对该提案的科学性与可执行性进行审核。提案报告会,由公司向客户具体报告已形成的广告方案,并接受客户对该方案的审核和质询,最终获得客户对该方案的认可。

(五) 广告执行

这阶段的工作内容为具体执行获得客户认可的广告策划方案或广告计划书。一方面依据方案所确认的广告创意表现策略,进行广告制作,可由本公司制作部门执行,也可委托专门的外援执行。并对已制作完成的广告作品进行发布前的效果测试和刊播试验。另一方面依据方案所确定的市场时机、媒体策略和媒体计划,进行媒介购买、媒介投放与发布监测。此外,还需要执行属于广告公司代理范围内的其他整合营销传播的内容,例如,人员促销,就要事先物色促销地点和促销人员,进行活动洽谈和人员培训,安排时间进度和经费预算,同时考虑是否要配合媒介广告,等等。

(六) 效果评价与总结

依据广告公司与客户双方的评估方案,对此次整个广告活动进行事后评估。广告公司还应以报告会的形式,对客户进行评估报告和业务总结。至此,广告公司的一次完整运作才算终结。当然,随着广告公司在市场中的竞争和发展,广告公司的业务运作都是反复循环进行的,并且需要根据特定情况做出相应的修改和经验总结。

第三节
广告策划的主要内容和程序

一、广告策划的含义

广告策划经过数十年的发展,伴随着解决市场竞争中出现的不同问题,其含义也历经了不同的变化,出现了狭义、朴素的理解和广义、现代的理解之分。狭义、朴素的理解是把广告策划看成是整个广告活动中的一个环节,在某种确定的条件下将广告活动方案进行排列组合和计划安排,以广告策划方案或策划书的编写为终结。广义、现代的观点,认为广告策划是从广告角度对企业市场营销管理进行系统整合和策划的全过程,从市场调查开始,根据消费者需要对企业产品设计进行指导,对生产过程进行协调,并通过广告促进销售,实现既定传播任务。现代意义的广告策划基本上以此广义为共识,把广告策划看作是以企业营销组合为基础,对企业广告活动进行的规划、决策、组织和协调。具体来说,就是根据广告主的营销策略,按照一定的程序对广告活动的总体战略进行前瞻性规划的活动。它以科学、客观的市场调查为基础,以富于创造性和效益性的定位策略、诉求策略、表现策略、媒介策略为核心内容,以具可操作性的广告策划文本为直接结果,以广告活动的效果调查为终结,追求广告活动进程的合理化和广告效果的最大化,是广告公司内部业务运作的一个重要环节,是现代广告运作科学化、规范化的重要标识之一。

二、广告策划的主要内容

广告策划要对整个广告活动进行全面的策划,其内容千头万绪,主要包括市场分析、广告目标、广告定位、广告创意表现、广告媒介、广告预算、广告实施计划、广告效果评估与监控以及整合营销传播等内容的策划。这些内容彼此密切联系,相互影响又相互制约。虽然在这里我们暂时分别论述,但在后面的程序中,要将它们像珍珠一样串起来,形成一条项链,使广告活动按策划的内容有条不紊地顺利实施。

(一) 市场分析

市场分析是广告策划和创意的基础,也是必不可少的第一步。广告市场分析基于市场调查,通过一系列的定量和定性分析得出广告主和竞争对手及其产品在市场的地位,为后续的策划工作提供依据。市场调查主要是以产品营销活动为中心展开,围绕着市场供求关系来进行的。市场分析的主要内容包括营销环境分析、企业经营情况分析、产品分析、市场竞争性分析以及消费者分析,通过深入细致的调查分析,了解市场信息,把握市场动态,研究消费者的需求方向和心理嗜好,并且明确广告主及其产品在人们心目中的实际地位和形象。

(二) 确定广告目标

广告目标是指广告活动要达到的目的,而且这样的目标必须是可以测量的,否则目标的制定就失去了意义。具体而言,它要回答以下几个问题。

(1) 广告活动后,企业或产品的知名度及美誉度提高的百分比。
(2) 市场占有率提高的百分比及销售额或销售量提高的百分比。
(3) 消费者对企业或产品态度或评价转变的情况。

但是,营销活动和其他活动有着千丝万缕的关系,广告目标仅属于营销目标的一部分,有时销售额的增长很难说明是广告的作用,还涉及产品、通路等问题。因而,广告目标的确立要有明确的衡量指标,既有实际性,又有可操作性。

(三) 广告定位

20世纪80年代,里斯和特劳特创立了定位学说,从此揭开了广告乃至营销史上新的篇章。定位的核心理念就是寻找消费者心中的阶梯,是站在消费者的角度,重新对产品定位,是将产品定位和确立消费者合二为一,而不是将它们彼此分离。在对消费群体进行细分的基础上确立目标消费者,然后在这群消费者的心中寻求还未被占用的空间,再将产品的信息钻进这个未被其他品牌或产品使用的空间,牢牢地抓住消费者的心。广告定位就是要在目标消费者心中寻找产品的最有利于被其接受的信息。

(四) 广告创意表现

广告创意表现是要将广告策划人头脑中的东西从无形转为有形的东西。广告创意表现这一阶段是广告策划的重点。首先是广告主题的确立,即明确要表达的重点和中心思想。广告主题由产品信息和消费者心理构成,信息个性是广告主题的基础与依据,消费者是广告主题的角色和组成,消费心理是广告主题的灵魂和生命。只有将两者合二为一的主题才能打动消费者,在此基础上,进行广告创意,并将创意表现出来。广告创意是个极其复杂的创造性思维活动过程,其作用是要把广告主题生动形象地表现出来,它的确定也是广告表现的重要环节。广告表现是由决策进入实施的阶段，即广告的设计制作。广告表现直接关系到广告作品的优劣。

（五）广告媒介选择和规划

媒介策划是针对既定的广告目标，在一定的预算约束条件下利用各种媒体的选择、组合和发布策略，把广告信息有效地传达到市场目标受众而进行的策划和安排。广告活动最基本的功能即广告信息的传递，选择广告信息传递的媒介，是广告运作中最重要的环节之一，也是广告媒介策略需要解决的问题。广告活动是有价的传播活动，它需要付出费用，而广告预算是有限的，因此，要利用有限的费用，得到比较理想的传播效益，如何运用好广告媒介，便是一个关键问题。广告媒介策略主要包括媒体的选择、广告发布日程和方式的确定等内容。

（六）广告预算

广告是一种付费活动，广告界盛传："花的广告费一半浪费掉了，但却不知道是哪一半。"如果不对广告活动进行科学合理的预算，浪费的将不只是一半的广告费。广告预算就是广告公司对广告活动所需费用的计划和匡算，它规定在一定的广告时期内，从事广告活动所需的经费总额、使用范围和使用方法。准确地编制广告预算是广告策划的重要内容之一，是企业广告活动得以顺利展开的保证。广告预算的制定会受到各方面因素的制约，如产品生命周期、竞争对手、广告媒介和发布频率以及产品的可替代性等。

（七）广告实施计划

这是广告策划在上述各主要内容的基础上，为广告活动的顺利实施而制定的具体措施和手段。一项周密的广告策划，对广告实施的每一个步骤、每一个层次、每一项宣传，都规定了具体的实施办法。其内容主要包括：广告应在什么时间、什么地点发布出去，发布的频率如何，广告推出应采取什么样的方式，广告活动如何与企业整体促销策略相配合等。其中较为重要的是广告时间的选择和广告区域的选择，这二者都与媒介发布的具体实施有着密切的关系，可以说是媒介策略的具体化。

（八）广告效果评估与监控

广告发布出去之后，要看有没有达到广告的目的或有没有产生对其他方面的影响，就要对广告效果进行全面的评估。为了增加广告的有效性，还会在广告活动中，甚至广告活动前，进行广告效果的监控和评估。通过广告效果的评估，可以了解消费者对整个广告活动的反应，从而使有关当事人对广告主题是否突出、诉求是否准确有效以及媒体组合是否合理等做出科学的判断。广告效果的评估和监控不能仅仅局限在销售效果上，传播效果作为广告效果的核心应该受到重视。此外，广告还会对整个社会的文化、道德、伦理等方面造成影响。

（九）整合营销传播

随着整合营销传播的作用越来越受到营销和广告人士的认同，广告主为了能在爆炸的媒体环境中追求产品的统一声音，希望广告公司同时也能承担起整合的传播功能，因而，现代广告公司逐步向整合传播公司转型，在承担原先的工作任务的同时，强调将其他的传播方法，如人员推销、直销营销、公共关系、销售促进等与广告结合，产生协同作用。整合营销传播的内容一般包括：收集资料和细分消费者、确定营销目标、传播策略思考、传播整合、接触管理以及效果测量。

三、广告策划的一般程序

前面所述是对广告策划的各个内容的简要概括，实际上广告策划是一种运动的状态，是遵照一定的步骤和程序进行运作的系统工程。

（一）整体安排和规划阶段

成立广告策划专组。广告策划工作需要集合各方面的人士进行集体决策，因此，首先要成立一个广告策划专组,具体负责广告策划工作。一般而言,策划专组主要包括:客户执行、策划创意人员、设计制作人员、媒介公关人员以及市场调查人员。这些人员通常由一个策划总监或主管之类的负责人领导。

规定任务和人员安排,设定各项时间进程,这是对策划前期工作的落实。

(二)调查研究阶段

1. 市场调查,搜集信息和相关材料

立足于与消费者的良好沟通,有选择地吸取营销调查的相关成果,或者通过直接调查获得第一手资料,或者通过其他间接途径搜集有关信息,最大限度地占有相关材料。

2. 研究和分析相关资料

对所得的材料进行整理、归类,剔除多余信息,将有用信息总结分析,制定出真实确凿的数据报告,为进一步制定策略提供依据。

(三)战略规划阶段

战略规划是关系任何组织生存发展的重要活动,已越来越引起人们的广泛重视。做好战略规划是企业高层管理者和广告公司的共同职责,决定着广告活动的前途和命运。

1. 制定广告战略目标

这是广告规划期内广告活动的核心,所有其他有关内容都是围绕这一中心展开的。不同的广告战略目标直接决定着后期广告开展的不同走向。

2. 广告战略选择

根据广告战略目标,制定广告战略,勾勒广告活动的大致轮廓。处于不同生命周期的产品,其广告战略有明显的不同。例如,脑白金的广告活动,市场导入期采取的是高曝光率,追求高知名度的广告战略,而发展期采取稳健、理性说服、多种媒体组合的广告战略。此外,位于不同市场地位的广告主,其广告战略选择也应该有明显的区别。

(四)策略思考阶段

这是整个广告策划的核心运作阶段,也是广告策划的主体。

(1)集中并总结归纳前期调查分析的成果,对调查研究结果做出决定性选择。

(2)以策划创意人员为中心,结合相关人员对广告战略目标加以分析,根据广告战略选择确定广告的定位策略、诉求策略,进而发展出广告的创意和表现策略,根据产品、市场及广告特征提出合理的媒介组合策略及其他传播策略等。

(3)这个阶段还包括广告时机的把握、广告地域的选择、广告活动的预算安排、与其他整合传播活动的配合以及广告活动的评估标准等。

(五)制订计划和形成文本阶段

这是把策略思想用具体系统的形式加以规范化,把此前属于策略性、思想性的各种意向,以一种详细的展露和限定形式加以确定,以确保策略的实施。

1. 制订计划

将在策略思考阶段形成的意向具体细化,确定广告运作的时间和空间范围,制定具体的媒介组合表,明确广告的频率以及把广告的预算经费分配具体到各项事物上。

2. 编制广告策划文本

把市场研究成果和策略及操作步骤用文本的形式加以规范表达,便于客户认知及对策划结果予以检核和调整。

(六) 实施与总结阶段

1. 计划实施与监控

按照策划书的规划,组织人员进行创作设计、媒介发布以及一切需要在市场中实施的细节,并对整个过程进行监控和必要的调节。

2. 评估与总结

在广告活动实施中进行评估,并及时地对广告策划做出适度的调整。在整个广告策划运作完毕后,按照既定的目标对广告活动结果加以评估,并对整个工作予以总结。

第七章
广告主体
GUANGGAO ZHUTI

第一节 广告组织

组织是通过协调活动来达到个人或集体目标的社会群体。它依靠自身的组织结构，在发挥组织功能的同时，实现组织的目标。组织具有结构性、功能性和目标性等特点。

作为行业组织之一，广告组织具有不同于一般组织的行业特点。广告组织是为了对广告工作实行有效管理，以便更好地完成各项广告业务而设立的对广告活动进行计划、实施和调节的经营机构。广告组织包括广告公司、媒介广告组织、企业广告部门和广告团体等。而目前在我国从事专业广告的组织主要有三类，即专营单位、兼营单位和代理单位。

一、广告公司

根据经营业务的不同，广告公司可以分为广告代理公司、广告制作公司和媒介购买公司等三类广告公司。而不同类型的广告公司，也就相应地具有不同的组织形式和机构设置。

（一）广告代理公司

广告代理公司是为广告主提供广告代理服务的机构。它一般又可根据规模大小分为综合型广告代理公司和专项服务型广告代理公司两类。

综合型广告代理公司，为广告客户提供全方位的广告代理服务，包括产品的市场调查和研究、广告战略的策划与执行、广告计划的具体设计与制作、广告媒介的选用与发布、广告效果的跟踪与反馈等一系列的活动。它还能为广告客户提供信息咨询、企业形象设计、大型公关活动等战略层面的服务和建议。随着信息技术的不断发展，全球市场竞争的日益加剧，综合型广告代理公司也开始由纯粹的广告代理越来越趋向于提供综合性的信息服务，日益集广告服务与信息服务于一体。

专项服务型广告代理公司的广告经营范围较狭窄，服务项目较单一，一般不承担广告运作的整体策划和实施。但它能满足特定广告客户的特殊需要，具有一定的专业优势，同时顺应了广告专业化分工的趋势，有利于广告专业水平的提高。一般来说，专项服务广告代理公司又可分为三种：提供某一特定产业的广告代理专项服务，如房地产广告代理公司；提供广告活动中某一环节的广告服务，如广告创意公司、广告调查公司；提供特定媒介的广告服务，如户外广告、交通广告等。

综合型广告代理公司的组织机构通常既可以根据不同的职能来设置部门机构，也可以依照客户需要设置小组制的组织类型。职能型的广告代理公司大致由客户服务部、市场调研部、创作部、媒介部、行政部等几大职能部门组成。其中客户服务部是主导者和统筹者，它负有沟通、组织、推动、指引各部进行适当又有效的分工与合作的责任。而以个别客户服务为基础的小组制组织类型是将广告公司以个别客户或一组广告客户为服务对象，分成若干个专户小组。每一专户小组就是一个功能齐全的独立的服务单位，为特定的客户提供系统的广告代理服务，包括了调研、策划、创意、媒介等各类人员，由客户主管或客户监督协调工作，还可以根据具体情况下设若干品牌经理或客户执行人即 AE（account executive）来具体负责一家客户或一组客户的不同品牌产品的广告宣传。专户小组服务制度比较适合较大的广告客户或较大的广告业务项目，运作较为协调、灵活，能适应各种不同广告客户的不同需要。

现代社会传播事业极为发达，广告客户需要广告公司提供全面的服务，以满足其各方面的需要。只有具备一定规模和水准的广告公司，才有条件和能力为客户提供全面的广告策划和计划执行。广告公司的全面服务过程，一般可归纳为五个程序：研究—建议—提呈—执行—总结，按照"承揽业务—制定策略—设计制作—发布广告—效果调查"等几个环节来进行，有利于各部门围绕一个中心协同作战，形成一整套为客户提供全面服务的体制。广告公司收集市场信息、分析消费趋势、把握流行动向、提出产品开发的意见，同时对企业形象建设、企业的发展战略、企业文化建设、售后信息收集与分析等提供咨询服务和建议。科技发展的日新月异，广播、电视、电影、录像、卫星通信、电子计算机等电子通信设备的发明，以及由此带来的信息技术革命，使广告作为一种行业得以成熟，广告公司也彻底摆脱了媒介掮客的角色，最终成为现代信息产业的重要组成部分。

（二）广告制作公司

广告制作公司一般只提供广告设计与广告制作方面的服务。由于广告制作业务的专业性，广告制作从一开始就与广告代理分离，成为独立的广告业务服务机构。如平面广告制作公司、影视广告制作公司及路牌、霓虹灯、喷绘等专营或兼营制作机构等都属于这一类。它可以直接为广告客户提供广告设计和制作服务，也可以接受广告代理公司的委托，通过提供广告制作服务收取广告制作费用。广告制作公司最大的优势就在于它设备的精良和人员技术的专门化。随着科技和现代广告业的飞速发展，广告客户对广告制作的要求越来越高，广告制作设备和人员的投入也越来越大。所以即使是大型的广告代理公司，也日益倾向于委托专门的广告制作机构来完成其广告设计，而不再设置专门的广告制作部门。

（三）媒介购买公司

媒介购买公司是专门从事媒介研究、媒介购买、媒介策划与实施等与媒介相关的业务服务。它是早期广告代理中媒介代理职能的一种延续，又是适应现代广告业与广告市场变化的一种新发展。媒介购买公司一般设有媒介研究、媒介策划、媒介购买与媒介执行等几大业务部门，对媒介资讯有系统的掌握，能为选择媒介提供依据，能有效实施媒介资源的合理配置和利用，并有很强的媒介购买能力和价格优势。因此媒介购买能力、媒介策划与实施能力以及巨额资本的支持是媒介购买公司生存和发展的必备条件。

从全球范围来看，独立的媒介公司及媒介购买公司，呈现快速发展的趋势。而目前在我国，媒介集中购买是广告媒介业务发展的大势所趋这一点也得到了业界的普遍认同。我国大陆的第一家专业媒介购买公司是1996年在北京由盛世长城与达彼思广告公司合并成立的"实力媒体"。

二、媒介广告组织

在广告市场中扮演着极为重要角色的媒介是广告行为主体之一，其广告职能是通过媒介的广告部门来具体实现的。媒介最初的广告经营，集承揽、发布等多种职能于一身。随着现代广告业的不断发展、成熟和广告经营机制的确立，媒介广告经营的职能和角色也相应地转变为专司广告发布之职。但由于各个国家和地区的具体情况不同，广告经营运作方式也不同，媒介的广告机构也就根据媒介在广告经营中所实现的具体职能来设置。不同的国家和地区的媒介广告职能不同，决定了广告机构设置的不同。

在实行完全广告代理制的国家和地区，媒介在广告经营中一般只承担广告发布的职能，向广告代理公司和广告客户出售媒介版面和时间，是媒介广告版面和时间的销售部门。

如在最先实现和完成媒介广告职能和角色转换的美国，其广告业高度发达，实行着完全广告代理制，媒介以不直接与广告主接洽为原则，除分类广告外，媒介只承担广告发布的职责。由于职能和业务内容的单一，这类媒介的广告部门机构设置就较简单，称为广告局或广告部，下设营业部门、编排部门、行政财务部门等几大部门。

营业部门负责对外的业务联络和接洽，编排部门负责广告的刊播，行政财务部门负责行政财务方面的管理，督促广告费的及时回收。

而在没有推行广告代理制或没有实行完全广告代理制的国家或地区，媒介不仅负责广告的发布，还兼任广告承揽与广告代理之职，其媒介广告部门的机构设置就较复杂。

在我国大陆，广告代理制还处于逐步推行阶段，除规定外商来华做广告必须经由广告代理外，媒介的广告经营几乎与广告公司没有差别。实行严格意义上的广告代理制，即对媒介的广告经营实行广告承揽与广告发布职能的真正分离，使媒介专司广告发布，应是我国广告业今后发展的努力方向。

三、企业广告部门

企业广告部门作为现代企业营销组织的重要组成部分，在现代企业营销中所发挥的作用越来越大。企业的广告管理与组织，受制于企业对广告的认识，也从属于企业的整体管理与组织形式。从我国企业的广告管理现状来看，其广告管理组织大致可分为公关宣传型、销售配合型和营销管理型等三类。

（一）公关宣传型的广告管理模式

公关宣传型的广告管理模式是基于企业广告的宣传功能定位，将企业广告纳入企业的行政管理系统，广告管理是企业行政职能部门的一个分支机构。这种模式比较注重企业的形象推广和企业的内外信息沟通，但也存在着广告运作缺乏实效性和针对性、脱离市场等缺陷。

（二）销售配合型的广告管理模式

销售配合型的广告管理模式是目前国内外较多采用的一种模式，企业的广告组织从属于企业的销售部门，其主要作用在于销售配合。也就是企业的广告组织在行销主管的管理下，与企业的其他行销部门一起，共同为企业行销服务。在实际操作中，又可以分为以市场或产品为基础的两种组织管理类型。

比如，在美国的大部分消费品行销组织实行的"品牌经理制"就是以产品为基础的组织管理类型，它最早始于1929年的美国P&G公司。而目前国内企业较多采用的是以市场为基础的广告管理组织模式，其广告的管理与执行，表现出明显的层级性，企业的广告部门，既是企业的广告管理部门，又是企业的广告执行与行销服务机构。销售配合型的广告管理模式能更好地发挥广告的直接销售效果，但因过分强调广告对销售的配合，影响了企业对广告的长期规划管理，并且由于管理与执行层次繁多，也影响了广告传播的整体效果。

（三）营销管理型的广告管理模式

营销管理型的广告管理模式将企业广告部门从具体的销售层次中分离出来，提升为与其他职能部门并列的独立机构，是企业营销的重要推广组织和企业实施整体发展战略的重要组成部分。它注重将企业广告的宏观决策、组织管理和具体实施结合起来，减少了企业广告的管理层次，加强了企业广告的统一管理和长远规划，有利于企业广告资源的充分开发与合理调配。

不管企业采取何种广告管理模式，其广告基本运作程序却是大体一致的，也就是企业广告运作一般都要经过广告决策（确立企业广告基本战略思想和总体战略目标）、广告计划（确立并制订切实可行的具体广告计划）、广告执行（广告计划的具体实施）等三个阶段。在具体运作中，我国企业广告主要有自我执行和委托代理执行这两种方式。所谓的自我执行，就是企业配置了功能齐全的广告部门组织，其广告部门承担了企业广告运作的一切工作和职责，这与我国的广告代理制度尚未完全成熟有关。而实际情况是，企业广告运作要达到完全自我执行，难度极大，有必要实行部分代理，把企业依靠自身力量难以完成的广告运作环节如广告策划与制作等委托广告代理公司代理，以减少不必要的损失。相应地，委托代理执行的方式能极大地提高企业广告效率，增强企业广告的投入产出比，是现代广告发展的需要，也符合企业发展的根本利益。

四、广告团体

广告团体主要是指广告行业组织。广告团体由从事广告业务、广告研究、广告教育或与广告业有密切关系的组织和人员自愿组成,对促进广告行业的业务交流、沟通协调及增强行业自律和管理具有重要的作用。

广告行业组织按照地域范围可分为国际性广告行业组织、地区性广告行业组织和国内广告行业组织。

国际性的广告行业组织主要有国际广告协会、世界广告行销公司等。国际性的广告行业组织的出现,对协调、促进各国广告界的交流与合作,提高广告业务水平做出了重要贡献。

创建于 1938 年的国际广告协会,简称 IAA,是目前最大和最权威的国际广告组织,总部设在美国纽约。它是由个人会员和团体会员组成的非营利性组织,会员遍布世界近 80 个国家和地区。该协会每两年召开一次世界广告会议,交流广告经验并探讨有关广告理论与实务方面的问题。我国于 1987 年 5 月 12 日,以"国际广告协会中国分会"的名义加入国际广告协会。

世界广告行销公司,简称 WAN,由世界各地著名的广告公司组成,总部设在英国伦敦。该组织主要为成员提供业务帮助,如培训人员、交流国际经济与市场动态的信息,等等。

地区性广告行业组织如亚洲广告协会联盟等。亚洲广告协会,简称亚广联,成立于 1978 年,是由亚洲地区的广告公司协会、与广告有关的贸易协会和国际广告协会在亚洲各国、各地区的分会等联合组成的洲际广告行业组织,每两年召开一次广告会议。它是一个松散型的组织。我国于 1987 年 6 月 14 日以"亚洲广告联盟中国国家委员会"的名义加入亚洲广告协会联盟。

我国最早的广告行业协会组织,是 1927 年由上海六家广告社成立的"中华广告公会",后几经改名,在 1933 年定名为"上海市广告同业公会",新中国成立后更名为"上海市广告商业同业公会"。

1979 年我国的广告市场得以恢复和发展,广告行业组织也获得飞速发展。1981 年,中国对外经济贸易广告协会成立。1983 年,中国广告协会成立。随后,全国相继成立了省、市、县等各级广告协会,各地区的媒介也先后成立了广告协会组织。

其中,中国广告协会是我国最大的全国性广告行业组织,会员为团体会员,由国内的广告经营单位联合组成,每两年举行一次会议,其最高权力机构是会员代表大会,它对我国的广告行业具有较强的指导力和监督力。

第二节
广告代理制度

广告代理制度指的是广告代理方(广告经营者)在广告被代理方(广告客户)所授予的权限范围内来开展一系列的广告活动,就是在广告客户、广告公司与广告媒介三者之间,确立广告公司为核心和中介的广告运作机制。它是国际通行的广告经营与运作机制。广告业现代化的主要标识之一就是在整个产业结构中,广告代理公司处于中心地位。而对于相对滞后的我国大陆的广告业而言,媒介处于中心和强势地位,有"强媒介弱公司"的说法。广告代理制的最终确立与实施仍是我国广告业今后发展的努力方向和基本趋势。

一、广告代理制度的产生与发展

伴随着社会经济的发展需求和广告业自身发展的内在要求,广告代理制从最初的萌芽——广告代理店演变成为现代的能够为客户提供系统而又全面的综合服务,其间经历了漫长的岁月。

早期的广告代理,从属于报业。因为最早承揽并发布广告的大众传媒是报纸。此时的广告代理主要是报纸广告版面的销售代理,被称为版面销售时代。1841年,美国人沃尔尼·B.帕尔默在费城建立了第一家脱离媒体的、独立的广告代办处,专门为他所代理的各家报纸兜售广告版面,充当广告客户的代理人,并从报社收取25%的佣金。它被视为现代广告代理的最早萌芽,也是美国和世界上最早的广告代理店。

1865年,乔治·P.罗威尔在波士顿创办了与今天的广告代理公司更为相似的媒介——掮客公司。他与百家报纸签订了版面代理合同,收取报社25%的佣金,再把版面分成小的单位零售给广告主,获利丰厚。1869年罗威尔又出版了《美国报纸导读》,公开发表美国和加拿大多家报纸的估计发行数量,并向广告代理商和广告客户提供各报的版面价格,为广告客户选择媒介提供了参考依据。罗威尔所从事的广告版面的买卖业务虽然仍是单纯的媒介代理,但比早期的广告代理又进一步。它正式摆脱了报社附庸的地位,减轻了媒介经营广告的风险,初步具备了真正意义的广告代理性质。

1869年,弗朗西斯·W.艾尔在美国开设了艾尔父子广告公司。其经营重点从单纯为报纸推销广告版面,转向为客户提供专业化的服务。他站在客户的立场上,向报社讨价还价,帮助客户制定广告策略与制订计划,设计与撰写广告文案,建议与安排合适的广告媒介。同时,艾尔父子广告公司实行"公开合同制",规定广告代理店为广告客户和广告媒介提供服务,其代价是将真实的版面价格乘以一定的比率作为佣金,还进一步将广告代理佣金固定为15%。这一制度于1917年在美国得到正式确认,并一直沿用至今成为国际惯例。广告历史学家称艾尔父子广告公司为"现代广告公司的先驱"。

这一时期独立的、服务专业化与多样化的广告代理公司的出现,广告客户与广告公司的代理关系以及广告代理佣金制度的建立与确认,标识着现代意义上的广告代理制度的真正确立。

自艾尔父子广告公司奠定广告代理制度的基本形态之后,经过约半个世纪的发展,到了20世纪30年代以后,专业意义上的广告代理制在美国基本形成,并相继在广告业比较发达的日本、美国、法国等国家和地区普及,逐渐成为国际通行的广告经营机制。广告公司开始全面代理广告客户的广告活动,在广告客户授予的权限范围内,完成有关环节的各项工作,包括市场调查、广告策划、广告设计与制作、广告文案撰写、广告发布、广告效果测定等一系列服务项目。广告公司的广告代理方案获得广告客户的认可并付诸实施后,可以从所代理广告的媒介刊播费中获得15%的媒介代理佣金,在制作过程中各项支出总额的基础上获得17.65%的加成。

广告代理制的确立与实施,确立了广告公司在广告运作中的中心地位,对广告公司的实力与水平提出了更高的要求。随着经济全球化趋势的日益加强,广告经营的国际化、规模化成为必然。同时,现代高新科技特别是信息通信技术的不断发展,也使得全球性的广告媒介和全球性的广告运作有了可能。自20世纪70年代开始至90年代,西方许多大型广告公司相继实施了规模化经营的发展战略,走上了国际化发展的道路。国际化、规模化的广告经营,大大降低了广告成本,增强了广告公司的活力与实力。

进入21世纪,整合营销传播成为广告公司的努力方向,对广告公司的全面代理能力提出了更高的要求,广告代理的业务范围又进一步扩展。广告代理活动变得更为精细的同时,又要求广告代理公司能够根据消费者的具体情况确立统一的传播目标,有效发挥各种不同的传播手段向消费者传达本质上一致的声音,为广告客户提供包括广告传播、公共关系、形象策划、包装与新媒介、直销、CI等内容的综合型服务,为企业的整体市场营销战略提供全面的、专业化的服务。这与广告代理兴起之初的简单的媒介代理已有了根本的不同,对当今的广告代理公司无疑是巨大的新挑战。

二、广告代理制的内容

广告代理制主要包括广告公司的客户代理和媒介代理、代理服务的业务范围及代理佣金制等内容。客户代理和媒介代理,构成了广告公司代理业务的主要范畴。广告代理制突出了广告代理公司在广告运作中的中心地位和作用。

广告代理具有双重代理的性质。一方面它全面代理广告客户的各项广告活动,在广告代理制度下,广告客户必须委托有广告代理权的广告公司代理其广告业务,不得与广告媒介单位直接联系发布广告(分类广告除外),这样可以有效保证广告客户的广告投入的效益;另一方面它又代理媒介的广告时间与广告版面的销售,为媒介承揽广告业务,也就是说媒介单位不能直接面对广告客户承接广告的发布、设计和制作等业务,这些活动都应该归属于广告公司的业务范畴。

广告公司在双重代理、双向服务的过程中,其劳动收入主要来自为媒介出售广告版面和广告时间而获取的佣金。按国际惯例,代理佣金的比率为:大众传播媒介的佣金比率是广告刊播费的15%,户外媒介的佣金比率为16.7%。在我国,承接国内广告业务的代理费为广告刊播费的10%,承办外商来华广告的代理费为广告刊播费的15%。

国际广告界在收取广告制作费方面也有一定的标准,即广告客户除了如数提供给广告公司各项广告制作支出外,还要给广告公司17.65%的加成,这是对广告公司代理其广告制作活动的报酬,而这也正好与媒介代理佣金一致。

虽然广告公司的代理佣金主要来自媒介,其15%的媒介佣金比例是固定的,但这容易引起广告客户的不满,因为对于广告公司而言,媒介传播广告的总费用越高,广告公司的代理收入就越多。为缓解双方矛盾,此后又出现了协商佣金制、实费制、议定收费制、效益分配制等收费制度。

协商佣金制,就是广告客户与广告公司经过协商确定一个小于15%的佣金比例,广告公司在得到媒介15%的佣金后,将超出协议佣金比例的部分退还给广告客户。这在一定程度上保护了广告客户的利益,主要适用于媒介支出费用较大的广告代理业务。

实费制,就是按照广告公司实际的成本支出和劳务支出计算其广告代理费。广告公司依据各项实际支出的凭证向广告客户如实报销,并根据各项业务所花费的时间获取相应的劳务报酬。同时广告公司在获得媒介15%的代理佣金后,须向广告客户如实报告,并退出超过其劳务费用的部分。但如果其所获得的媒介代理佣金低于劳务费,则由广告客户补齐所缺部分。

议定收费制是实费制的补充形式,就是广告客户与广告公司针对具体个案,在对广告代理成本进行预估的基础上,共同商定一个包括代理酬金在内的总金额,由广告客户一次性付清给广告公司。此后在实际运行过程中,广告公司自负盈亏,与广告客户无关。议定收费制可以避免广告客户与广告公司之间可能引发的付费纠纷。

效益分配制,就是广告公司可以按一定的比例从它所代理广告的实际销售额中抽取相应的利润,但如果广告不能促进销售,则得不到利润回报。这就将广告代理的权利和责任紧紧捆绑在一起,使广告公司必须承担广告代理活动的风险。

三、实施广告代理制的条件及意义

一方面,全面实施广告代理制的必要条件是需要有与之相匹配的完善的市场经济环境和成熟的广告市场环境,没有经济的繁荣,没有发达的市场经济体制和良好的行业环境,广告代理制就不可能顺利推行;另一方面,广告公司自身的状况和能力又是能否成功实施广告代理制的决定性因素。

广告代理制的实施,牵涉广告市场中广告客户、广告公司和广告媒介这三个主体。而在以广告代理制为基础的广告经营机制中，广告公司处于广告市场的主导地位，从本质上来说，广告公司是实行广告代理制的中心环节。

广告公司要从事广告代理活动，首先必须获得有关政府管理部门的认可，并取得合法的代理资格，才能在规定的范围内从事相应的广告代理活动，即广告公司代理广告业务必须得到广告客户或广告媒介的认可与委托。其次，提高广告公司自身的代理能力是增强其竞争能力唯一的途径，而高水平的各类广告专业人才、精良的广告制作设备和先进有效的内部管理机制是实现这一途径的有力保障。最后，具备充足的流动资金和雄厚的经济实力是媒介代理的前提。

当前，我国正大力发展社会主义市场经济，这有利于广告业的长足发展，有利于广告代理制的全面实施。但同时我国的市场经济体制还未发育成熟，全面推行广告代理制的市场经济环境还不完全具备，在广告业高速发展的背后，也存在着一些阻碍广告业规范发展的消极因素。其中最大问题就是广告客户、广告公司、广告媒介三者之间的关系还没有真正理顺，分工不明确、广告行为不规范、行业结构不合理等问题使得广告经营秩序混乱。

因此，广告代理制的实施，有利于促进广告行业的科学化、专业化建设，有利于提高广告业的整体水平和消除行业内的不正当竞争，明确广告客户、广告公司、广告媒介各自的权利和义务。只有真正全面推行国际通行的广告经营机制——广告代理制，才能使广告市场的三个主体各司其职，各就其位，充分发挥广告业对经济发展的巨大促进作用，使我国广告业朝着健康、规范的方向发展。本土广告公司在我国加入世界贸易组织后，在面临着跨国广告公司、国际性传播公司、营销顾问公司等业内、业界间的激烈竞争时，只有不断提高自身实力，改变服务观念和方式，从零散运作转向集约运作，从经验型服务转向专业化和科学化服务，才能在资本力量和专业化服务的新一轮洗牌中不被淘汰出局。只有这样，我国广告业才能迅速地适应并融入国际大市场中，顺利实现与国际市场的接轨，在激烈的国际竞争环境中求得生存与发展。

第八章
广告信息
GUANGGAO XINXI

第一节 广告信息的构成与传播

一、广告信息

广告信息主要由直接信息（也称显性信息）和间接信息（也称隐性信息）两大部分组成。其中直接信息是广告表达内容的重点，而间接信息既可以烘托、强化直接信息，又可能喧宾夺主甚至扭曲直接信息，因此不容忽视。

（一）直接信息

直接信息是指由通用符号传达的广告信息。文字、语言、企业与商品名称、包装及外观识别等大家一看就懂、一听就明白的信息都属于直接广告信息。简单地说，广告所要直接传达的关于产品、服务或企业形象方面的信息构成直接信息的主要内容。

（二）间接信息

间接信息是指广告作品具体的表现形式所带来的感觉上的信息。

从最原始、最古老的叫卖广告开始，到综合运用声、光等多种手段高科技大制作的现代广告，每个广告都通过一定的表现形式和承载物质来传递直接信息。虽然形式本身似乎并不构成什么具体信息，但它们却能形成某种感觉信息，影响广告直接信息的传达。以平面广告为例，其间接信息至少包括以下几种：构图的平衡、比例、虚实、韵律和分割等都会使人形成不同的感觉；不同色彩的应用引起的不同心理感受；由广告发布的载体所形成的感觉；广告在不同的媒体，或者同一媒体的不同位置或不同时段发布，受众对此会产生截然不同的感觉；为突出广告信息而附加的元素会形成的不同心理冲击，如房地产广告为了突出楼盘的高质量特征，通常会聘请成功人士作为形象代言人，并常常与名车、高尔夫球场等贵族生活场景联系起来，以期吸引受众的注意，引发崇拜与仰慕，进而影响他们的消费心理与消费行为，等等。

间接信息具有很大的价值，通常表现为：

(1) 引导视线，增加广告的吸引力，强化关注度；
(2) 强化企业形象、品牌形象或商品特性，突出广告主题；
(3) 营造某种氛围，引发消费者的联想；
(4) 使广告更富有人情味，拉近与消费者的距离。

间接信息有时很容易被忽视，而实际情况是没有任何广告只有单纯的直接信息。因为直接信息总是需要借助某种形式来表达，而适当的形式必然会锦上添花，有利于直接信息的顺利传播。如果缺乏专业的培训和周密的思考，导致形式上的缺陷，这可能会分散受众的注意力，甚至会同直接信息形成矛盾与冲突，例如，用粗制滥造的广告表现高档商品，必然会影响受众对商品的认知。

总体来说，无论是直接信息还是间接信息，都是以广告主题为核心，都为准确充分表达广告主题这个目的服务。所以，区分直接信息与间接信息，合理安排二者的关系，对于具体的广告运作意义重大。

二、广告信息传播中的障碍

由于间接信息涉及心理学与行为学的一系列问题，使得广告信息变得很复杂。而广告作为一种信息沟通的手段，信息沟通中可能存在的障碍在广告传播中也是不可能避免的。广告又是通过一定的艺术形式传播信息，这进一步加大了产生障碍的可能性。所以在广告传播的过程中，为了实现广告效果的最大化，要尽可能地克服这些障碍。

广告信息障碍主要有以下几点。

(一) 将广告主题艺术化

在精确分析市场、消费者和产品特性的基础上确定好广告要传达的内容，即广告主题。紧接下来是如何将广告主题转化为视觉与听觉的形式以适应受众的心理和习惯。在这个过程中主要存在以下障碍。

1. **不能准确传达主题**

主题越复杂，准确传达就越困难，表现形式的多样性与模糊性可能会造成信息的失真与扭曲。

2. **产生不应有的联想，偏离广告初衷**

曾经有一个火腿肠厂家推出一则电视广告。屏幕上葛优面带忧戚，似有所思，身边的冯巩关切地问："冬宝，你怎么了？"葛优回答："想戈玲。"冯巩便道："别想了，我给你介绍一位新朋友。"说着画面上出现了一系列火腿肠的镜头，然后冯巩又问："还想戈玲吗？"葛优反问："戈玲是谁呀？"结尾又以"省优、部优、葛优"幽默了一把。无论是厂家、制作方还是观众都非常看好这则广告。但调查公司在上海的调查结果显示：一半以上的观众以为这是春都火腿肠的广告，还有相当一部分人只知道这是火腿肠的广告而不知具体品牌。虽然这则广告的故事情节很有趣，演员表演很精彩，语言很幽默，观众很喜欢，但广告没有建立起与品牌的直接关联，结果相当于为竞争对手做了嫁衣。

(二) 广告在传递过程中产生的信息障碍

这种障碍主要是由媒体造成的。例如，在传播过程中广播和电视等模拟信号受到干扰导致声音与图像模糊、不清晰，印刷媒体可能会因为纸张的低劣、印刷水平的限制、编辑的问题影响广告信息的准确传达。

(三) 受众在接收广告信息时可能存在的信息障碍

不同的受众具有不同的媒体接触习惯，而这直接影响广告效果。广告信息能否到达受众，又在多大程度上进入受众心智，这与广告选择的承载媒体、同时段其他信息的传播与干扰、受众个体的状态都有着密切的关系。也就是说，这些元素都有可能构成对广告信息传播的障碍。

(四) 受众在对广告信息进行解码的过程中也会产生信息障碍

这种障碍同受众个体人口统计学上的特征联系密切，受众的年龄、性别、受教育水平、职业、收入等都会影响其对广告信息的理解。例如，当前日用消费品中通常借助女性作为形象代言人，结果引发了性别不平等在电视广告中得到体现与强化的质疑。同时个体的经历与不同时空条件下的心理也会影响受众对广告信息的解码。

广告信息的传递是一个复杂的过程，在以上每一个环节都可能会出现问题并进而影响整个广告活动的效果。为此，要实现受众接受的信息尽可能地接近发送者预期的广告主题，必须进行周密的调查与策划，充分了解市场、消费者、传媒和产品本身。

在广告实际运作过程中，因为后面三点具有难以把握、难以控制的特点，以后几节主要围绕第一点进行探讨。

第二节 广告主题

任何一则广告都必须首先科学地确定广告主题，即确定一个商品或一种服务究竟广告什么。广告主题的艺术化是广告表现。本书认为广告主题的确定是关系到如何正确地、科学地、有效地进行广告的重要问题。

一、什么是广告主题

在文艺作品中，主题是指作品所表现出的中心思想，是作品思想内容的核心。在广告中，主题同样是指广告所要表达的重点和中心思想，是广告作品为达到某项目标而要表述的基本观念，是广告表现的核心，也是广告创意的主要题材。广告的其他要素都是为广告主题服务的。只有主题鲜明、诉求突出才有可能是优秀的广告作品；否则，整个广告作品缺乏统一的形象，各种信息就会显得杂乱无章，很难引起受众的注意，更枉谈给受众留下深刻的印象并引发购买行为。

广告主题涉及的核心问题是市场，它的确立建立在市场调查和科学分析的基础上。广告主题正确与否直接关系广告的成败。这是现代广告学中一个重要的理论与实践问题。

二、广告主题的构成要素

确认广告主题的要素，是为了形成完整统一的广告主题。由于对广告构成要素需要进行选择，所以每种选择必须经过反复比较、分析研究的过程，才能形成确定的意见。

1. 广告目标要素

广告目标是广告战略的核心。确认这一构成要素，一方面要考虑如何使广告目标符合企业的整体目标，另一方面要考虑广告目标融入广告主题的可能性，确保这种目标经过广告主题得以实现。由于广告目标是在反复分析研究的基础上制定的，因而确认这一要素较为容易，只需着重考虑其如何在广告主题中体现即可。

2. 信息个性要素

信息个性是指广告所宣传的商品、企业或观念的与众不同的特点。寻找并确定信息个性是个复杂的过程，这需要广泛了解广告产品和广告企业有关的信息，还要充分了解竞争产品或非竞争性的同类产品的各种特点，了解竞争产品广告的主题构成要素，然后研究各种历史的和现实的资讯材料，进行反复比较研究，提出多种备选方案，最后才能确定。

3. 消费者心理要素

同样，确认消费者心理要素也很复杂和困难。在过去的卖方市场时代，无须考虑消费者心理。但进入当今的买方市场时代，各种产品极大丰富，竞争激烈，消费者所关心的问题不再是能否买到某种商品，而是所购买的商品能否满足自我、表现自我、塑造自我，消费者的心理因素在购买活动中已处于主导地位，理所当然该纳入广告主题的考量范围。但消费者的构成层次比较复杂，同一层次的消费者需要与欲求也有很大差异，并不稳定，经常处于变动状态，为此，确认消费者心理这一构成要素时，要尽可能地充分利用广告调查及营销要素分析的资讯材料，尤其要注意目标市场的细分情况，尽可能使所确认的消费者心理要素能够准确地反映目标市场的心理趋势及人文特点，使广告主题与消费者产生更大的共鸣。

以上三种构成要素的有关资料都是通过前期详尽周密的市场调查取得的，千变万化的市场动态始终是广告主题确立的基础与核心。

三、广告主题确定的要求

（1）完整统一，既要同时具备广告主题的三要素又使之融合为有机的主题。

（2）显著，即广告主题能够最大限度地引起人们的注意。

（3）通俗，即广告主题要通过简单的形式将企业的理念、产品的特征、带给消费者的利益与承诺等信息准确地表现出来，易于受众理解。

（4）独特，即广告主题要具有与其他同类明显区别的特点，以便在纷繁的信息中独树一帜，给受众留下长久深刻的印象。

（5）协调，即广告主题要与广告商品和广告主的企业形象相一致，以免造成信息混乱。

（6）集中稳定，即广告主题要把握诉求焦点，焦点比较单一，不能发生主题的多元化、分散化。

四、广告主题确定的方法

在早期的广告发展中，都曾有过这样的阶段：广告＝商品＋好话＋美人。似乎只要好话说尽，消费者就会买我的商品。很显然，这只有在商品供不应求、消费者极不成熟的条件下才适用。在当今买方市场的情况下，仍用这种方法做广告是行不通的，消费者并不愚蠢，并非听几句好话就会去购买商品，因此，科学地确定卖点非常重要。

（一）商品、企业分析与广告主题确定

对消费者为什么要买某一产品，而不是其他同类商品和替代品，最常见的回答是因为这一产品具有其他同类商品所没有的优点和特点。以商品之间的差异作为广告主题是这种思路的必然发展，美国广告大师罗瑟·瑞夫斯提出的 USP（unique selling proposition，独特的销售主张）理论集中体现了这种观点，并且在实践中取得了良好的效果，至今仍被业界广泛应用，并且不断有新的发展。

商品分析主要从商品原材料的优点或特点、商品独特的制造过程、商品独有的使用价值、价格几个方面着手，寻找与同类商品或替代品之间的差异，为消费者确定一个购买理由。事实上，这也是确立广告主题的基础。

企业之间的差异在很大程度上影响着消费者对具体产品的认知，考察企业主要从企业的历史、规模、软硬件、员工、理念、社会形象等多个角度综合分析。

但是，以商品本身的特点作为广告主题只能在符合以下条件之一时才适用。

（1）商品特点和优点处于中心位置，能够影响消费者的购买决策。中心位置是指某一类商品具备的大部分消费者最关心的特点。如果对每一类商品进行分析，都会找出人们最关心的特性或特性组合。如果一种商品在某方面有明显的优势，可以考虑以这个特点作为广告主题。

（2）商品具有竞争者的产品不具有的特点，尤其当产品有革命性突破时，适合让产品当广告的主角。而当这种突破被模仿而使差异缩小到不足以打动消费者时，以商品特性为广告主题的方法不再适用。

（3）对商品经济不发达、消费水平不高的国家和地区的理性购买行为，以商品特点作为广告主题依然具有美好的前景。

总体来说，单独以商品差异作为广告主题在买方市场时代具有较大的局限性，它往往适合与其他的方法联合使用。但无论是否用商品特点作为广告主题，建立在市场调查基础上的科学商品分析都是确立广告主题的前提与

基础，因此不可或缺。

（二）消费者分析与广告主题

一则广告无法获得所有人的认同。为了有效突破消费者的心理防御，首先必须了解目标消费群体，明确具体的广告诉求对象，然后才能使广告主题具有针对性，做到有的放矢。可以说消费者分析是科学确立广告主题的关键。

消费者的构成非常复杂，对其进行分析同样也有相当大的难度。在广告实践中，进行市场区隔是消费者分析最常用的一种办法，尤其是按人口统计学特征来区隔市场区隔消费者最为广泛。消费者在年龄、性别、受教育程度、经济收入的差异都会导致媒体接触、认知、需要与动机等心理活动的差异，并最终在广告效果上体现出来。但是消费者分析从来不是单一角度的，在按人口统计学特征细分市场的基础上，以下的因素同样具有分析价值。

（1）生活方式和心理特征。
（2）购买行为的理性参与程度。
（3）品牌的选择策略，有简单与复杂之别。
（4）购买商品的原因和使用商品的原因，两者有时一致，但有时也有偏离。
（5）经常性的信息来源，等等。

总之，只有知己知彼，才能百战不殆。在广告中，只有洞悉消费者的心理，才能谈得上使广告主题符合消费者的心理需求，才能谈得上广告的说服效果。

（三）市场分析与广告主题

商品、企业分析与消费者分析都是市场分析的有效构成部分，之所以单列出来，是因为其具有特殊的重要意义，这并不表明其他市场因素，例如渠道、促销等就不重要。相反，近年来渠道建设的迅速发展对广告战略的部署与广告策略、主题的拟订形成了巨大的冲击。

广告主题的确定是以市场为基础的。如果脱离市场，仅主观地凭"灵感"拍脑袋确定广告主题，那成功只是偶然，而失败则是必然。

五、广告主题理论与实践发展的阶段

（一）独特的销售主张

这一理论强调商品之间的差异，在实践中简便易行，因而在当时的广告界引起了强烈反响。M&M 奶油巧克力的广告口号"只溶在口，不溶在手"经典地诠释了 USP 理论。

独特的销售主张理论在以产品观念为核心的时代，具有明显的优势。但随着经济的发展，商品之间的差异越来越小，而某些差异对消费者来说并没有太大意义，因此这种理论在目前有着比较大的局限性。

（二）品牌形象理论

这是由大卫·奥格威在 20 世纪 50 年代末提出的，这一时期是从产品观念向市场营销观念转变的时期，由于买方市场的形成，任何一种商品的畅销都会很快导致大量企业蜂拥至同一市场，模仿使"独特"再难持久。一个企业要想在这种市场条件下生存和发展，仅靠自己的商品特点已远远不够。品牌形象理论的基本观点是：广告最主要的目标是为塑造品牌服务；每一个广告都是对品牌印象的长期投资；随着产品同质化程度的提高，产品中物的差异性缩小，消费者更加注重产品的附加值和心理感受。在这一理论基础上，CIS（corporate identity system，识别系统）理论于 20 世纪 70 年代发展起来。独特的销售主张与品牌形象理论的共同点是：确定广告主题基本上是从商品或企业本身出发，即从我出发，从里向外考虑问题。随着经济的发展，这种置消费者于不顾而以自我为中心确定广告主题的方法，明显表现出不适应性和局限性。

（三）定位理论

该理论的核心是定位并不涉及改变产品或企业本身，它只是涉及建立或改变企业或产品在消费者心目中的位置，即"定位不是你对产品要做的事，定位是你对客户要做的事。换句话说，你要在预期客户的头脑里给产品定位。""在定位时代,你一定要把进入潜在顾客的心智,作为首要之图"。但由于实践的局限,当时的定位理论缺乏动态视角与发展的观点,在依然强调"定位不在产品本身,而在消费者心底"的核心理论基础上,1996年的《新定位》一书弥补了这方面的不足。其作者之一特劳特认为:市场逐渐成熟后,如果企业不能及时构思新的定位,就会陷入困境。定位理论的提出意味着广告主题应当建立在对消费者心理的研究上,而不是建立在对商品之间的差异研究上。这是一种从外向里的思考问题的方法,实现了从传统的以"广告主"为中心、以"自我"为中心到以"消费者"为中心的转变,是一种巨大的进步。它为市场经济条件下广告主题的确定提供了新的理论与实践依据,虽然乔治·路易斯宣称"定位是屁!""定位就像上厕所前要拉开拉链般必然平常",但至今"定位"理论仍然有众多信徒和广阔市场。

以上三种确定广告主题的理论体现了一种渐进的发展趋势,但并非后者取代前者,而是后者在吸收和兼容以前理论的基础上,随着市场经济和营销理论的发展而进一步发展。

第三节 广告创意

一、广告创意的含义

创意一词是从英文中翻译而来的。idea此词见于詹姆斯·韦伯·扬的著作《产生广告创意的方法》。近年来广告界流行一种提法"big idea"的中文表达是"大创意"或"好的创意"。idea一词英文原意为思想、意见、想象、观念等。

creation,该词由词根"create"衍生而来,是名词,意指创造、产生等,是被最广泛认同的中文"创意"的来源。

在我国,创意一词广泛应用于广告主题创意、广告表现创意、广告媒体创意等各个方面。由此可见,创意的含义非常模糊。实际上,以上这些观点全都没有错。只是出发点不同,观察的角度不同,所以结论自然有异。

广告创意,从动态的角度来理解,是广告创作者对广告活动进行的创造性的思维活动。从静态的角度来看,广告创意是为了达到广告目的,对未来广告的主题、内容和表现形式所提出的创造性的主意,俗称为"点子",即idea。

广告创意,从狭义的角度来分析,是指广告主题之后的广告艺术创作与艺术构思,即创造性的广告表现;从广义的角度来分析,它主要指广告中所涉及的创造性思想、活动和领域的统称,这几乎包含了广告活动的所有环节。本书按照狭义的角度来理解广告。

二、广告创意的要求

(一)以广告主题为核心

广告主题是广告创意的出发点和基础,同时也为创意的发挥提供了最基本的题材。只有清晰地表达主题,独特的创意才能发挥作用,使广告信息的传播更为生动、更吸引人和更容易被记忆;而如果创意不能表达主题,甚至偏离主题,那么创意即使再独特,也是南辕北辙,只会对广告信息传播形成一种干扰。

（二）首创性

在广告业里，与众不同是伟大的开端，随声附和是失败的起源。创造意味着产生、构想过去不曾有过的东西或观念。在广告中，创造通常是将过去毫不相干的两件或更多的物体或观念组合成新的东西，如伏尔泰所言"独到性就是明智与审慎的模仿"。可以说首创精神是广告创意最鲜明的特征，是广告创意最根本的一项素质。但这并不等于一味地哗众取宠，离开特定信息的传播，任何新颖的创意都毫无意义。

（三）实效性

广告创意虽然往往通过一定的艺术形式表现，但同纯粹的艺术又有着本质的区别，那就是广告有着明确的销售目标。广告大师克劳迪·霍普金斯说："广告的唯一目的就是实现销售。"广告创意如果不能促进销售，不能给广告主带来利益，就不是好的创意。其实效性具有两层含义：第一，要注重广告的实际效果；第二，要具有可操作性，便于付诸实施。

（四）通俗性

广告主要是通过大众传播方式进行，因此，为确保广告的创意能够被大众接受，就必须考虑大众的理解力，采用简洁明了的方式传递集中单一的信息，否则就是在浪费广告主的钱。

三、广告创意的过程

虽然广告怪杰乔治·路易斯说："广告没有一成不变的法则，它需要灵活的思考。"但是前人总结的某些经验在实践中依然具有重大的借鉴意义，创意过程就是广告前辈留下的一笔宝贵财富。创意过程是一个发现独特观念并将现有概念以新的方式重新进行组合的循序渐进的过程。遵循创意过程，人们可以提高自己发掘潜能、交叉联想和选取优秀创意的能力。

几十年来，广告界提出了不少有关创意过程的见解，虽然大致相同，但每种模式又各有其突出之处。在斯德哥尔摩举行的国际广告协会世界大会上，斯特宾斯在题为《创意的课题——变化世界的文稿哲学》的发言中曾将创意分为七个阶段，即导向阶段、准备阶段、分析阶段、假说阶段、孵化阶段、综合阶段、决策阶段。这种模式将创意过程分解得非常详细，但同时也显得呆板。1986年罗杰·冯·奥克提出了四步创意模式，如今被许多跻身100强的广告公司所采用。按照他的模式，每个文案和美工在创意的不同阶段仿佛都在扮演着不同的角色：探险家、艺术家、法官和战士。

（一）探险家

寻找新的信息，关注异常模式。任何伟大的创意都不是凭空产生的。创意人员需要构思创意的素材：事实、经验、史料、常识、感觉等。而这些信息无处不在，商品、消费者、竞争对手的广告、有关广告的书籍、商业杂志，甚至一些看似不相关的信息，如一家咖啡店、一座建筑、一家商店、一个人等都可能激发创意人员的灵感，带来意想不到的收获。创意人员需要开阔视野，摆脱自己专业领域的限制，留意其他领域新的发现，综观全局，才更容易发掘独特的构思与创意。

（二）艺术家

实验并实施各种方法，寻找独特创意并予以实施。在整个创意过程中，扮演这个角色最艰苦、时间最长，但也最有收获。艺术家必须完成两项重要任务：寻找大创意、实现大创意。

1. 寻找大创意

这实际上是一种心智检索的过程。艺术家的第一项任务是一项长期而又艰巨的工作，即仔细检查前期收集的所有相关信息，分析问题，寻找关键的文字或视觉概念来传达需要说明的内容。也就是说在撰写文案或设计美术作品之前，先在头脑中形成广告的大致模样。这一环节又被称为"形象化过程"或"概念化过程"，是广告创作中最重要的一步，也是寻找"大创意"的环节。大创意是建立在战略之上的大胆而又富于首创精神的创意，以一种别开生面的方式将产品利益与消费者的欲望结合起来，为广告表现对象注入生命活力，使受众情不自禁地对其产生兴趣。在这寻找大创意的过程中，创意人员可能会遇到各种各样的障碍，包括创意人员在肉体与精神上所受的压力、思维定式的局限等，尤其是后者，常常使创意工作陷入模仿、重复、老生常谈的境地。关于如何跨越这种障碍，后文中有具体叙述。

2. 实现大创意

创意人员一旦抓住了大创意，下一步就是如何去实现这个大创意，即如何通过文字、图像、音响等符号将信息塑造成完整的传播形态，以打动受众的心灵与感情。这些符号的安排不仅要传播信息，还要营造某种氛围，激起人们对产品的好感。如果说文案是广告的文字语言，艺术就是广告的身体语言。电视借助图像和声音来吸引观众，广播则凭借声音在听众心目中创造文字图像。特定的文字、图像和声音的共同组合共同构成广告的表达特点。平衡、协调和动态指导着广告创意人员将以上各种元素组合在一起构成一个传播信息，让它们彼此关联、相互加强。

（三）法官

评估实验结果，判断哪种方法最有效。在这个环节，创意人员要判断创意是否可行，决定是否完成、修改或放弃大创意。此时，创意人员要做到两点：第一，为值得的大创意拼搏；第二，避免扼杀艺术家的想象。在进行创意评估时，要回答以下问题：这个创意是不错呢，还是凑合（我的第一反应是什么）？这个创意哪点对（或哪点不对）？如果不成功又会怎样（是否值得去冒这个险）？我的偏见是什么（受众是否有同样的偏见）？什么阻碍着我的思维（我是否一叶障目）？如果艺术家和法官的工作做好了，战士的角色相对就要容易得多。

（四）战士

克服一切干扰和障碍，直到实现创意概念。在创意的最后阶段，要使创意概念实施，使创意得到认可，得以制作并最终在媒体上发布，创意人员需要同公司内部的其他人员、客户等进行一系列的"战斗"。对内，通过完整的信息战略文本，努力推销自己构思所包含的文案、艺术和制作成分并做出合理的解释，以说服公司的客户小组；对外，协助客户服务小组向客户陈述广告创意，以获得客户认同。这些工作完成后，战士又进入广告设计与制作环节，再次成为艺术家，努力实现在预算内尽可能好的广告作品。

四、广告创意的方法

虽然广告创意的方法多种多样，但是人人都有过创意枯竭的经历，原因很多：信息超载、精神疲惫、身体疲劳、紧张、缺乏安全感，但最根本的问题还是出现在思维方式上。

关于思维方式，多数思维学说将思维方式分为两大类：事实型和价值型。倾向于事实型思维方式的人喜欢把观念分解成细小的部分，然后对背景进行分析，发现最佳的解决之道。虽然事实型思维的人也可能具有创造性，但他们往往倾向于线性思维，喜欢事实与数字，习惯于逻辑、结构和效率，而不习惯模棱两可的东西。

价值型思维方式依据直觉、价值观和道德观来做出决定。创意人员依赖于各种观念的融合，更善于接纳变化、矛盾和冲突。创意人员长于运用想象产生出新的观点，也善于运用现有概念，创造新鲜事物。

在实际的广告创意过程中，这两种思维方式各有千秋，在不同的阶段具有不同的影响。首先，当创意人员在扮演探险家这个角色时，他们需要从自己掌握的信息入手，仔细审核创意纲要和营销、广告计划，研究市场、产品和竞争状态，从客户方面和许多其他途径获得各种信息，这会使他们陷入事实型思维方式。但要创作出有效的广告，成为优秀的艺术家，创意人员又必须改变方向，采用价值型思维方式，否则，当广告公司的人开始"和客户想的一样"时，创意就容易陷入窠臼，创意障碍就可能出现。而实现从事实型思维到价值型思维的转变相当不易。前人提供的几种创意思考的方法具有借鉴价值。

（一）头脑风暴法

此法又被译为脑力激荡法。这种方法是由 BBDO 的阿克列斯·奥斯本于 1938 年首创，指两个或更多的人聚在一起，围绕一个明确的议题，共同思索，相互启发和激励，填补彼此的知识和经验的空隙，从中引出创造性设想的连锁反应，以产生更多的创造性设想。讨论可以涉及广告活动的任何环节，但某一个会议一般应集中在一个议题上，且议题不宜太大，以便探讨能够深入。同时为了确保产生更多更好的创意，头脑风暴法必须遵循以下几条原则。

（1）自由畅想原则。与会者大胆敞开思维，排除一切障碍，无所顾虑地异想天开。

（2）禁止批评原则。任何创意不得受人批评，也不必自我否定，没有任何创意是错的。

（3）结合改善原则。鼓励在别人的构想上衍生新的构想，相互启发，相互激励。

（4）以质生量原则。构思越多，可供选择的空间越大，组合越多，产生好创意的可能越大。

所有的创意都应做记录，以备将来参考。这种方法的最大好处是可以避免孤军作战，弥补个人局限与不足，通过团队合作，集合众人的智慧，产生出大创意。

（二）垂直思考与水平思考法

我们平时的思考方法多是按照一定的思考路线进行的，在一个固定的范围内的纵向思考，它注重事物间的逻辑关系，即通常所指的垂直思考法。这种方法往往将思路和视野限制在已有经验和知识认同的狭窄范围内，而将与此相悖的其他可能拒之门外，其结果是不能摆脱常规思路的束缚，产生雷同的现象。在广告创意过程中，垂直思考法仍然具有重要的作用，但水平思考法受到更多的重视。

水平思考法由英国心理学家爱德华·戴勃诺最早提出。此种思考方法主张围绕特定的主题，离开固定的方向，突破原有的框架，朝着若干方向努力，是一种发散型思维方法。进行水平思考应遵循以下四条原则。

（1）找出支配性的构思，如人们常用的创意、表现方法等。这不是为了利用，而是要努力摆脱其影响和束缚。

（2）寻求多种看法。将重点明晰的看法转换成其他尚不明确的看法。例如：有意识地形成相反的看法，有意识转移焦点等。

（3）摆脱旧意识、旧经验的束缚。

（4）抓住偶然性的构思，深入发掘新的概念。

第四节
广告创意实施

在进行广告总体策划、确立广告主题、确定广告创意之后，下一阶段的任务是采用文字元素与非文字元素具体表达创意概念，制作出与受众见面的广告作品。这一阶段非常重要，所有前期的工作包括广告调查、广告策划、广告的科学管理最终都是为此服务，其表现的好坏直接影响广告能否准确地传达商品信息、销售信息与能否影响广告对象的态度与行为。

一、广告文案

在创意实施的过程中，无论是印刷广告、电子广告，还是网络广告，语言与文字是最基本的传播信息的载体与要素。它首先将创意构思的结果记录下来，又进一步地将创意表现和深化，因此格外地受到关注。奥格威曾说"广告是词语的生涯"，广告效果的50%~75%来自广告的语言文字部分。这些广告作品中的语言文字部分构成了广告文案。

由于印刷广告的文案最具代表性，本书以此为例，对文案的构成与具体写作进行探讨。广告文案通常包括标题、正文、口号、随文四大部分。但不是每则广告都必须同时具有以上四项元素，有的正文与口号合二为一，有的广告甚至没有正文，等等，不一而足。

（一）标题

有效的标题会引起注意，吸引受众，说明图像，将受众引向广告正文，表现广告的销售信息。调查显示，阅读标题的人比阅读正文的人平均多2~4倍。因此，如果标题没能打动人心，就等于在浪费广告主的钱。为了突出标题，必须做到：将广告标题置于最醒目的位置；表现广告主题，展现显而易见、清晰无误的利益与承诺；新颖奇特，引起受众的注意。

（二）正文

广告正文是广告文案的主体，是对广告标题的解释和广告主题的详细阐释，讲述全部销售信息。由于在十个读者中一般只有一个看正文，因此，文案创作人员必须努力凭借一定的技巧以突破消费者的心理，传达关于企业、商品、服务的信息，进一步对广告标题进行阐释和证实，以引起读者的兴趣。创作正文时有几种常用的风格。

1. 直接推销式正文

文案以客观而直截了当的表现手法，直接说明或展开标题和图形。它一般按照产品销售点的重要程度进行简明描述，比较适用于人们需要仔细斟酌才会购买或使用难度较大的产品，也比较适合在直邮广告中使用。

2. 叙述式正文

叙述情况，设定一种情境，然后让产品或服务挺身而出，解决问题，这种文案为情感诉求提供了良机，是创意文案比较理想的风格。

3. 对白/独白式正文

在这种文案中，广告中的人物用自己的语言进行推销，比较有人情味和真实可信。但如果不掌握好分寸，容易让人觉得做作、不真实。

在所有风格的广告正文中，文案人员都可以运用一些技巧如修辞、幽默、夸张来吸引读者的注意。但运用这些技巧的前提是不损害广告主题的传达，不会造成对主信息的淹没。

有许多广告人都曾经尝试着从实践中总结出写作广告正文的经验，这些经验虽然不是放之四海而皆准，但对于实践，仍然具有重要的指导意义。例如：不要旁敲侧击，要直截了当，避免用"差不多""也可以"等含糊其辞的语言，不要用最高级形容词、一般化字眼和陈词滥调，要有所指，要实事求是；高雅的文字、精雕细刻的笔法，通常是对广告明显的不利因素；不要贪图文案获奖；使用大家熟悉的词汇和短语；让读者参与其中等，在当今的广告实践中仍然适用。

（三）口号

口号又称标语，它是广告的中心，是广告作品中画龙点睛的一笔。广告口号是为了加强受众对企业、商品或服务的印象，在较长一段时间内反复使用，集中体现广告阶段性战略的一种简练的口号性语句。广告口号具有以下特征。

1. 集中体现广告的阶段性战略

广告口号的目的要体现广告在某一阶段的战略，具有一定的高度，体现广告的形象与主题，从而加强受众的印象。

2. 在某一阶段内长期使用

一个企业的广告战略通常具有稳定性，不会朝令夕改，体现广告总体战略的广告口号因此也具有稳定性，同时也为系列广告提供连贯性。

3. 是一种口号性语句

广告口号的目的是便于人们重复、记忆和二次传播，以号召他人，促成行动。太复杂的语句不便于人们口头传播，因而必须将之压缩成口号语句。例如，戴比尔斯钻石至今仍沿用那句众所周知的口号"钻石恒久远，一颗永流传"，耐克的"Just do it"也已经影响了几代人而且还会影响下去。

4. 一两句话表达一个完整的广告主题

这样，仅仅知悉一个广告口号，受众就可以从中获得完整的信息，非常有利于广告功效的发挥。

（四）随文

随文（又称附文）属于文案中的附属性文字，一般情况下，附于正文之后，多为比较固定的内容，用来传达企业名称、地址或联系方式等内容，并对广告正文做必要的补充。广告随文的内容通常包括以下几个部分。

（1）品牌。完整的品牌应包括产品或服务的商标、品牌名称、商品名称等。

（2）企业名称和标识。以传达企业的有关信息为中心的广告文案在附文中应当出现企业名称，并且是以全称或规范简称形式出现的企业名称，企业标识一般与企业名称相伴出现。

（3）企业地址、联系人、联系方式。

（4）购买商品或获取服务的方法。以直接促销为目的的广告文案，应在附文中向受众明确传达购买商品或获取服务的方法，包括销售地点、服务机构的名称、地址、联系方式等。如有邮购、直销等特别的服务方式，也应在附文中说明。

（5）特殊标识。如果正文中引用了权威机构的证明，如专利认可、活动的赞助认可等，应在附文中列出其相应的标识。

（6）特殊需要说明的内容和附加的表格。如有奖活动、折价、多买优惠等具体信息，需要受众反馈时提供的表格等。

以上关于文案构成与写作的分析是建立在印刷广告基础上的，电子广告和网络广告与之有异曲同工之妙。

另外，创作广告文案时还有一些基本原则，如 KISS 原则，即 Keep It Simple, Stupid。这在全球广告中具有一定地位。还有人总结，在世界竞争舞台夺取胜利的广告无不具备简单、清晰、幽默和机智的特点。这表明，在文案创作中，有些东西是共通的，具有普适性，完全可以被借鉴，被运用。

二、非文字元素

在广告创意实施和广告表现的过程中，文字元素承载了传达广告信息的主要内容的任务。但这并不意味着整幅广告只需要文字而不需要任何其他的形式，相反，非文字元素表现出来的东西同样重要。这些非文字元素担负着演绎信息的重任，创造出广告的氛围，赋予文字信息特殊的风味，并决定着受众对它的感觉。

而综观印刷广告、电子广告和网络广告，用来表现广告创意的非文字元素主要包括三种形式，即视觉元素、听觉元素与视听觉综合元素，偶尔也会采取其他形式如嗅觉元素等，因为不具普遍性，故忽略不计。其中印刷广告只运用视觉元素，电子广告中的广播广告只包含听觉元素，电视广告与网络广告综合运用视听觉元素，用以艺术化地传达信息，吸引受众注意，提起受众的兴趣与欲望，并最终促成行动。

（一）视觉元素

印刷广告具有三个最基本的视觉元素：插图、设计和布局。这三个元素的不同组合会创造出截然不同的广告效果。

1. 插图

在印刷广告中，插图指实际构成广告图像的绘画、图片，或计算机生成的艺术品。合理地使用插图可以吸引目标受众的注意，凸显品牌，表现产品的特点和利益点，营造气氛和感觉，启发读者阅读正文和为品牌制造预期的社会背景，总之，可以极大地增强广告传播的功效。在使用插图时，要注意与广告文案战略相结合，把产品或品牌当作插图的一部分加以表现，以助于实现广告战役的具体目标。另外，单独就插图而言，其规格、色彩和媒介的运用相当重要。

1）规格

把插图的规格放大一倍是否会使插图达到预定目标的可能性也提高一倍？答案是否定的。一方面，这会加大预算，另一方面，在拥挤不堪的媒介环境中，插图越大，广告赢得读者关注的概率越大，但并不意味着读者会去读完整条广告。

2）色彩

色彩是一种潜力巨大的创意工具。有些产品如房产、家具或高档消费品要依赖颜色来准确传递自己的重要价值。色彩还可以突出产品的特点或将读者的注意力引向广告的特定部分。但要找出明确的色彩原则并非易事，因为色彩与文化和环境具有很大的相关性，因此色彩的运用需要在实践中摸索。

3）媒介

插图的媒介选择关系到在广告中是使用绘画、照片还是计算机绘画。绘画意味着多样的表现形式，包括卡通、国画和各种水彩画与油画，几乎无所不能；照片具有一种真实的感觉，令人可信，且成本低；计算机绘画可以很方便地编辑图片，通过添加、抽取、组合各种手段营造出现实中没有的神奇效果，近些年来随着相关软件的开发，计算机绘画得到了很好的发展。

插图的规格、色彩和媒介的决策没有一定之规，最关键的是能突出广告的主要信息，同时带给读者美的享受。

2. 设计

设计是指印刷广告在美学方面和风格方面的规划，它体现了创意人员为具体安排印刷广告的所有元素并使之达到优美、有条理的效果而付出的努力。优美是指广告在视觉上给人以美的感受，有条理是指广告插图、文案与特殊元素的组合有利于读者阅读。在进行广告设计时应注意以下原则。

1）布局平衡

平衡主要是指广告表现的条理性与和谐性，这种平衡可以通过对称构图和不对称构图来实现。对称构图强调构图显现的对称性，包括轴对称和点对称，其视觉表现结果是比较有条理和工整。不对称构图不等于不平衡，相反，将不同大小、形状和颜色的成分组合成更为复杂的整体反而能形成强烈的视觉表现力，呈现出一种不对称的平衡，但更不易把握。

2）广告的比例让人赏心悦目

比例涉及不同成分的大小以及彼此之间的色调关系：广告整体的宽与高的关系，每个成分的高与宽的比例，整体与成分、成分与成分之间交叉的比例关系及色调的比例。这些比例因素应当既有稳定性又有变化，才能保持平衡又避免单调，产生比较好的视觉效果。

3）广告的各个组成部分有条不紊，指向明确

即广告的各视觉元素安排应当符合人的最佳视域和视觉流程设计，以此来引导读者的视线走向。人的眼睛具有从左到右、从上到下、从大元素到小元素、从明亮到黑暗过渡的自然习性，考虑这些因素，有利于突出广告的主信息。

4）广告的各个部分协作以显示整体性

这是广告设计规则中非常重要的一条。设计人员要做到的是使整条广告同周边广告或文章区隔开来，然后要

实现广告内部各元素的和谐。此时要充分考虑留白的重要性。

5）广告重点突出某个元素

广告中，如果让所有的元素并重，平等地吸引读者的视线，最终的结果是分散了读者的注意力。广告中有一个元素应当是首要但非唯一的关注中心，以突出广告的主要信息。

3. 布局

设计侧重于广告的结构概念，布局偏重于设计，它是设计概念的表现形式。布局图是对候选印刷广告的大体勾勒，表明广告中所有成分的位置，它指导着视觉表现方案，是设计过程的一个组成部分，与设计效果有着不可分割的关系。布局图设计分为小样、草图、末稿和版面组合四个阶段。小样是广告布局的第一个草图，规定了如何安置各个元素，如标题、图形、正文和广告口号，表现了广告的大致模样，它的大小一般是成品广告的1/4。草图与实际广告的大小相同，通常在计算机上完成，可以很方便地对文字和插图进行操作，经常被广告公司用来向客户进行初步演示。末稿是经过润色的广告，代表着广告完成后的样子，字体、色彩、插图、正文等都已经包含在里面。在客户认可了末稿之后，广告公司制作部就着手制作广告的最后样子——送到印刷厂的版面组合。在此阶段，制作人员根据客户的要求对广告的图形与文字元素做最后的修改与调整，并争取客户对版面组合的认可，然后就可交付印刷厂制作出广告成品。

（二）听觉元素

广播广告的构成包括语言、音响、音乐三种基本要素。三种要素互相配合，共同为表现广告主题服务。由于声音转瞬即逝，为了实现广告目的，广播广告必须通过声音符号在人们头脑中建立起视觉形象，以激发情感体验，加强记忆效果。

1. 语言

广播广告中的语言是有声语言，是三要素中最重要的部分，在实际制作过程中主要依靠人声（或模拟人声）表现。人的声音由音高、音量、音长及音色四个声音要素构成，声音的高低不同，音量的大小不同，音速的快慢不同，以及音色的不同能反映人的不同性别、不同性格、不同气质。据此，根据创意的不同，可以采用不同的声音来增强广告的效果。包括用典型声音塑造产品形象，赋予产品某种象征意义；用真实人物的声音，增强广告的可信度；用与目标消费者的相类似的声音来推荐产品，比较有亲和力；采用独特的声音给听众留下深刻的印象，使声音符号与其他视觉符号一起形成某个产品或品牌的识别。

2. 音响

音响就是效果声，是增强广告效果的声音。由于音响可以用来说明时代、地区、时间、环境，可以用来表现人物的动作或物体的运动、人物的内心情感、产品的品质和形象，所以在广播广告中恰当运用音响，更易引起听众注意，增强广告的形象性、感染力和记忆度，使广告信息的传播更为有效；反之，就会干扰广告信息的传达。音响包括自然音响、人工音响和无声三种。自然音响是自然界本身就有的，如风声、雨声、动物鸣叫声等；人工音响是由人工制造的声音，如汽车刹车声、跑步声等；无声也属于音响的范畴，是一种特殊的音响。三者都可运用到广播广告中。在使用音响时，要考虑受众的接受心理，而不要一味地制造各种奇特的声音，以免引起反感或者分散了听众对产品或品牌信息的注意。

3. 音乐

音乐在广告中的运用由来已久。最古老的民间叫卖，已经开始运用音乐的元素来促进销售。广播广告中，如果音乐运用得当，可以极大地增强广告的吸引力、感染力和记忆度。广告音乐有两种类型：一是背景音乐，二是广告歌曲。

（三）视听觉元素

电视广告和网络广告综合运用了视听觉元素——画面与声音，制造出更生动、更真实的效果。画面的构图、设计与布局可以借鉴印刷广告在视觉元素安排上的技巧和原则。但由于电视广告的画面具有动态的特点，所以多了一个评判的维度——时间。此处的时间概念在具体的电视广告制作中有两种体现。第一，除悬念广告外，广告片中的主信息应尽早出现。以30秒的广告为例，主信息一般在5秒左右必须出现，否则，会使观众失去兴趣和耐心，而印刷广告不存在这种问题。第二，不同片长的电视广告传达的信息内容含量有异，效果有别。5秒电视广告只能出现口号与产品或品牌的名称和标识；15秒广告可以对产品进行简单的说明；30秒广告可以叙述一个故事表达一个主题；45秒和60秒的广告可以提供关于产品和品牌的更多的信息；超过60秒的广告除在特殊情况和有特别大的预算外，一般很少使用。制作多长时间的广告除了考虑预算以外，主要以能否有效表达广告主题为判断依据。广播广告的声音元素的运用技巧可以为电视广告借鉴。但在电视广告中，要特别注意声音元素与视觉元素的配合。电视广告中的声音表现形式有两种：写实音和写意音。写实音是指能从广告画面中交代声源所发出的声音，它包括台词、音响和音乐，通过写实音可以把广告信息传达得更加清楚明白、通俗易懂，但同时也具有过于写实不能提供更多信息，缺乏想象空间的不足；写意音指完全脱离写实意义的声音，主要是为了创造一种形象、一种情趣、一种意境，从而引发人们丰富的联想和美好的情感。

  网络广告大部分与印刷广告、广播或电视广告的制作没有明显的差别，但在制作元素、程序语言的组合以及制作元素彼此之间的组合方式上，计算机空间的广告制作有别于传统媒介。线型音频和数字视频的技术发展为网络广告的制作提供了更简便易行的方法和更大的空间。目前，网络广告只是变动更容易、广告对象更具体明确、与受众的互动更方便。近年来，网络广告迅猛发展过程中，应当注意寻求更加适合这种特殊的流动的电子媒介的视觉元素、听觉元素、视听觉元素的表现方式和表现技巧。

第九章

广告媒体

GUANGGAO MEITI

第一节 广告媒体概述

媒体一词源于英文中的"media"。从传播学的角度来看,媒体通常是指传达、增大、延长人类信息的物质形式。媒体是人类用来传递信息与获取信息的工具、渠道、载体、中介或技术手段,也可以理解为指从事信息的采集、加工制作和传播的组织,即传播机构。而被用于向消费者传递广告信息的媒体,就是广告媒体。一般来说,我们在讨论广告媒体的概念时,把它当作一种工具来认识;在制定广告媒体策略时,将涉及具体的传播媒体机构。

广告媒体能够及时、准确地把广告主的商品、劳务和观念等方面的信息传送给目标消费者,刺激需求,指导消费;能够吸引受众阅读、收看(听)有关的信息;能够唤起受众接触媒体的兴趣,使消费者有可能接收相关的广告信息;能够适应广告主的选择应用,满足对信息传播的各种需求。

通过广告公司的代理,广告沟通了广告客户和消费者之间的联系,使信息发送和接收成为可能,以开展广告公司的业务活动。

广告媒体使得企业的信息交流能够顺利进行。通过广告和公共关系,企业加强整合营销传播,而广告和公共关系都需要通过媒体传播有关的信息,直接或间接地影响消费者,达到沟通的目的。

广告和媒体相互依存。在大众传媒经营活动中,大众传媒提供各种信息服务,需要一定的资金支持,而广告收入则是其主要的经济支柱。作为一种信息服务,广告传播需要依存于节目、版面中,凭借公众对大众传媒的信任和好感而达到一定的效果。这种相互依存的关系促进双方的发展。

广告媒体可以分成很多类。根据受众规模的不同,把传统媒体分为大众传播媒体和小众传播媒体两大类。随着科学技术的进步,新媒体崛起后成为传播广告信息的一支生力军,我们把它们归为一类:新媒体。

一、大众传播媒体

大众传播媒体主要是指报纸、杂志、电视、广播、电影院和录像带、网络广告等媒体。特别是前四种,是广告传播活动中经常运用的媒体,通常被称为四大广告媒体。

(一)报纸

报纸广告在与其他媒体的竞争中耗费了高额费用,再加上报纸生产成本的上升导致了报业内部的合并。合并有利于采用新技术解决报纸媒体存在的问题,如印刷质量差、缺少声音、动作、颜色等。在线销量信息系统、电子图书馆、数据库出版和卫星传输的引进都是新技术给报业带来的改进。

报业也努力汲取杂志和广播(市场选择性),还有电视(全面的市场覆盖)的长处。市场选择性指媒体可以以特殊的消费者群体为对象,专门性报纸和自由式插页是典型的例子。

1. 报纸的结构

报纸可以依据三个标准分类:出版频率(每天、每周等)、规格和发行量。

1) 出版频率

报纸一天或一周出版一次。例如,美国现在大约共有1530种日报和8000种周报。日报通常在城市和较大的镇上发行,有早报、晚报和全日报三种形式。早报的内容主要是对前一天发生的事件进行更为全面的报道,包括本地和全国新闻的详细报道和各种商业、金融、体育消息。晚报追踪当天新闻，并提前报道次天事件。它比早报更倾向于报道娱乐消息和新闻特写。如美国的《旧金山观察》是晚报典型的例子。大约30%的日报和少数周报也发行周末特刊。《芝加哥太阳报》就同时发行早报周末特刊。周末特刊比平时的要厚，含有大量新闻、广告和特别报道。城镇、郊区和小型城市更多的是发行周报，因为在这些地方，无论是新闻量还是广告量都不足以发行日报。这些周报强调的是地区新闻，深入报道本地新闻，忽略全国性新闻、体育新闻等。全国性广告主一般都避免在周报上做广告，因为所需费用太高，发行量又与日报和周报差不多，还涉及广告必须分散在不同的报纸上而导致令人头疼的管理问题。美国的 Beverly Review 就是一份在芝加哥的某个社区内发行的周报。

2）规格

报纸的规格有对开大报和四开小报两种。在我国，报纸读者并没有特殊的倾向，喜欢阅读对开大报和喜欢阅读四开小报的读者各占约四分之一的比例，而超过一半的读者对报纸的规格尺寸持无所谓的态度。相对而言，北京、上海和武汉的读者对小报较为青睐，而成都和西安的读者对大报则情有独钟。报纸的格式不是固定僵化的，如美国的《今日美国》的成功表明，报纸能够并且一定会适应变化着的消费口味。《今日美国》的故事简单活泼，配以鲜明的图画，全部用彩色印刷，还有一系列的图表帮助读者简化当天的大事。而美国的《全日新闻》则是以小说形式编辑报纸的例子，它是受了《今日美国》的启发，为吸引年轻读者而设计的。

3）发行量

总的来说，报纸属于大众传播媒体，它试图接触到某个地区或国家的所有受众。为数不多的报纸在全国范围内发行，如《伦敦时报》和《今日美国》。这类报纸的发行量远远超过了那些只在部分地区发行的报纸的销量。有些报纸试图用别的方法到达受众，最常见的是针对少数民族和非英语的外来人口的报纸，比如 El Nuevo Herald（《新先驱报》）就是一份迈阿密州出版的西班牙语日报。在美国，又超过200种报纸以黑人为主要对象。仅在纽约市，就有用汉语、西班牙语、俄语、意大利语、德语和越南语等各种语言出版的报纸。AT&T 利用以美国黑人、亚洲人和西班牙人为主要读者的报纸来扩大其在地方的影响；本田、佳能和尼康在日文报纸上做广告，如在 Yomiuri Shimbun（《读卖新闻》）做广告。Carnation 和 GTE 在加州和其他地区的西班牙语和葡萄牙语报纸上做广告。和主流报纸一样，大多数这类报纸的广告主都是地方零售商，特别是外来民族开的餐馆、旅行社、银行和商店。专门性的报纸适用于特殊的利益集团、宗教团体、政治同盟、工会以及专业性和友爱性的组织。例如，美国 Stars&Stripes 是一份数百万军人阅读的日本出版的报纸。Yomiuri Shimbun 在这里做广告就是利用了这个有利的条件。

2. 报纸读者

所有收入阶层、受教育程度、年龄、民族背景不同的人都是报纸的读者。他们广泛分布在城市、郊区、小镇、旅游胜地和农村地区。所有的人口统计指标都表明，报纸是一种坚实的大众传播媒体，大约68%的成年人都受其影响。在美国，经常读日报的人倾向于成为《星期日报》最忠实的读者。近一半的成年人接受《星期日报》和《周末报》的上门递送服务；在中等城市，报纸的递送程度是最高的，而在农村地区和大都市则是最低的。根据历史经验，20岁左右的年轻人很少阅读报纸。"当人们快30岁，开始组建家庭，需要报纸提供的各类信息时，对报纸的需求会上升。"《全日新闻》的新兴媒体和产品部主管夫莱德·瑞·托西里说。专家们担心，新兴的信息传播渠道的增加意味着新一代的年轻人不会再遵循这个趋势。

3. 报纸广告

报纸上的广告大致分为三类：分类广告、展示广告和增刊广告。

1）分类广告

分类广告通常包含所有形式的商业信息，这些信息根据读者的兴趣被分成若干类，例如，"求助""代售地产""代售汽车"等。这类广告大约占全部广告收入的40%。发展最快的一个领域就是在线分类广告。根据有关传播公司的估计，此类广告的收入从1997年的1.23亿美元增长到2000年的8.3亿美元。报纸是免费提供在线分类广告的，报纸通过提高在线分类广告的费率来补贴成本。

2）展示广告

这是报纸广告最重要的一种形式。除了编辑区的任何版面，它可以以任何大小的篇幅出现。展示广告可以进一步分为两类：地方性的（零售性的）和全国性的（一般性的）。全国和国际性的公司、组织和名人用全国性的展示广告来维持其品牌的影响力，或者支持地方零售商和促销活动。区域性的公司、组织和个人则以较低的费用刊登地方性的展示广告。两者的不同就体现在广告费用的差异上。

3）增刊广告

全国性和地方性的广告都可以在增刊上刊登广告。所谓增刊广告，是在一个星期内，尤其是在报纸的周日版上出现的，或者是辛迪加式或是地方单独刊登的彩色广告插页。一种很流行的形式是杂志的增刊广告，也包括两种，即辛迪加式的，或是地方单独刊登的。独立出版商制作并且将企业联合的增刊广告分发给全国各地的报纸，出版商的商标和地方报纸一起出现在报头上，最有名的例子是美国的 Parade（《大观杂志》）和 USA Weekend（《创业者周末》）。同一地区的一家或多家报纸都能制作地区性增刊广告。不管以哪种形式编辑，杂志的增刊广告从内容到形式上都更像杂志，而不是报纸。另一种形式的报纸增刊广告是自由式插入广告，或称作自由插页。这些提前印好的广告可以是一页，也可以多至三十页，可以是黑白的，也可以是彩色的。它在其他地方事先印刷好，然后送到报纸那里。因为要插入这些广告，报纸要向广告主收取酬金，如果要在特定的某一期插入，还要另外收一定比例的费用。这种形式的报纸广告在零售商广告主的作用下普及得非常之快。原因在于：它能更好地控制印刷质量和色彩精确度；它是很好的优惠券的载体。

4. 报纸的优势

1）市场覆盖范围

广告主可以通过报纸以很低的成本触及各种地方或区域市场，有独特偏好的群体、种族或是民族团体。

2）选择性购物

消费者可以利用报纸来有选择性地购物，因此，它对有明显竞争优势产品的广告主来说是非常有利的。

3）积极的消费者态度

一般的读者认为，报纸包括其广告，是及时和可信的信息来源。特别是因为消费者能够根据自己的需要选择什么时候读报，怎么读报，所以他们对待报纸广告的态度是相对积极的。

4）报纸有地理上的灵活性

广告主可以选择在某些市场做广告，在某些市场不做广告。报纸还有制作上的灵活性：可变的广告格式、彩色广告、自由式插入广告、地区差别定价、样品展示、增刊广告……都是报纸广告的选择。

5）全国和地区间的互动

报纸为全国性的广告主和地区零售商提供了一个联系的桥梁。一个地区零售商可以通过刊登相似的广告很容易地参与全国性的竞争。此外，需要迅速行动的计划，例如，减价和发放优惠券，都可以很容易通过地方报纸得以实施。

5. 报纸的劣势

1）生命周期短

人们读报时倾向于快速浏览，而且是一次性的。一份日报的平均生命周期只有短短的24小时，因此，其生命周期是很短的。

2）干扰度高

很多报纸因为刊登广告而显得杂乱不堪，尤其是超级市场做广告的那几天和星期日的报纸，过量的信息削弱了任何单个广告的作用。即使是增刊广告，现在也因为太厚而显得更加混乱。

3) 有限的覆盖面

报纸在特定的市场的读者大多不是经常的读者。例如，报纸历来就没有影响到 20 岁以下的年轻人，老年人和不住在大城市的外国人也是如此。由于成本太高而且全国性报纸很少，报纸也不能为全国性广告主提供所有的市场。

4) 产品类型限制

报纸和所有的印刷媒体一样有着共同的缺陷。有些产品不能在报纸上做广告，例如要演示的产品。另外，专业的服务（医生、律师）和技工（管道工、电工），也很容易被忽视。

5) 再版印刷质量差

除了特殊的印刷技术和事先印好的插页，虽然有新的生产技术引入，但与杂志、说明书和直接邮寄广告相比，报纸的再版质量仍然很差，尤其是彩色广告。另外，由于日报的制作速度要求很快，对生产过程更细致的准备和管理难以办到，而周刊和月刊出版物就可以做到这点。

（二）杂志

杂志在接触特定读者群体方面是很有用的媒体，它的性质决定了它必须有独到的内容才能满足特定读者的需要。所以各类杂志在读者结构、风格等方面都极为不同。选择在哪种杂志做广告时，广告主有必要了解这种杂志区别于其他杂志的地方。

1. 杂志的优势

1) 目标受众

杂志大多是为特定目标受众而发行的。如瑞丽杂志主要是针对女性服饰美容方面的杂志，包括《服饰美容》《伊人风尚》《可爱先锋》和《瑞丽家具》。

2) 受众接纳性高

杂志内容本身的权威性和可信性使广告也沾了它的光。很多杂志声称，在它们出版物上出现的广告都使其产品更有吸引力。很明显，在《财富》上刊登的广告会使商界人士留下深刻的印象。

3) 生命周期长

杂志是所有媒体中生命力最强的媒体。有些杂志，像《国家地理》和《消费者报告》被看成是权威的资料而不断被引用，可能永远也不会作废。其他如《电视导报》，在某一段时间会被频繁地使用。此外，杂志还有很大的发展潜力，因为它可以通过家人、朋友、顾客和同事更广泛的传播，有许多间接读者。

4) 版式

人们倾向于较慢的阅读杂志，通常要用几天以上的时间，因此他们有时间阅读详细的报道。杂志可以有多页面、插页和专栏等，从而使版式更富于创造性和多样化。

5) 视觉效果

杂志通常使用高质量的纸张印刷，因此有很好的视觉效果，可以印出更加精美的黑白或彩色图片。印刷质量反映了内容质量，受欢迎的作家经常撰写一些特别的专栏。

6) 销售促进作用

广告主可以有多种促销手段，如发放优惠券、提供样品或通过杂志发送资料卡。

2. 杂志的劣势

1) 有限的灵活性

杂志的截稿期早，广告必须在出版日之前就要提交。有些情况下，广告主在一份月刊出版的前两个月就要把彩色广告的版画送到印刷厂。采用桌面出版和卫星传输的杂志可以允许广告主在出版前几个小时才提交广告。杂志对广告位置的提供也有局限。主要的版面，如封底和封二，可能早在几个月之前就售出了。

2) 缺乏及时性

有些读者在杂志到手后很长时间都不去读它，所以，广告要作用到这些读者还需要一段时间。

3) 成本高

例如，1996 年，在美国《新闻周刊》杂志的全国版上做一则整页四色广告的费用是 160827 美元。像这样拥有大众读者的杂志，千人成本实在太高，而且它们向来不和其他媒体在这方面竞争。只有面向特定读者的杂志，费用会低一些，因为他们的读者是有限的。

4) 递送问题

除了少数杂志，大多数杂志不是在所有的书报摊上都出售。如何使杂志到达目标受众是较为严峻的问题。

（三）电视

电视系统主要包括：闭路与开路电视、公众电视、有线电视订户、地方性电视、特殊电视、联播节目和交互电视。

与电视节目一样，电视广告也可以通过很多不同的方式播放。电视广告主可以通过广播联网、地方性电视或有线电视来播放商业广告。

1. 电视广告的形式

电视广告的实际形式取决于运用的是联网电视、地方电视还是有线电视。联网电视可以通过其会员媒体进行赞助、分享或插播广告；地方电视允许插播广告、地方性赞助和全国性赞助；有线电视允许面向全国和当地的插播；交互式电视允许面向全国和当地的插播。

1) 赞助

广告主承担制作节目和提供配套广告的总的财务负担。赞助电视能对观众产生强有力的影响，特别是因为广告主不仅可以控制广告播放的地方和长度，而且还能控制节目的内容和质量。然而，对于大多数广告主来说，制作和赞助一个长度为 30～60 分钟的节目成本非常昂贵。所以，几个广告主可以联合制作节目，这也是一种可选方案。例如，很多体育事件的赞助就是这样，每个赞助商得到 15 分钟。地方性广告主也可以提供独家赞助或与他人联合赞助。例如，一家地方银行可以赞助一所学校的足球赛，也可以赞助全国性的节目。

2) 联合参与

只有 10% 的联网电视广告是赞助广告，其他的以分享的形式卖给广告主，他们买下 15 秒、30 秒或者 60 秒的广告时间，在一个或多个节目中播放。广告主可以购买定期或不定期的任何时间。这种方法与赞助相比不仅减少了风险和成本，而且在市场的覆盖面、目标受众、时间安排和预算方面都有很大的灵活性。然而，联合参与不会像赞助那样产生强烈效果，而且广告主不能控制节目的内容。另外，最受欢迎节目的广告时段往往被大广告主包下，留下不太好的广告时段给小广告主。

3) 插播广告

插播是在节目的间隙播放，是广告主向地方媒体做的地方的广告。电视台一家一家把 10 秒、20 秒、30 秒和 60 秒的广告时间卖给地方的、区域性的和全国的广告主，其中地方的广告占多数。节目的间隙并不是最好的广告时间，因为存在着很多的干扰因素：竞争性的广告、电视台的暂停、大众服务广告和其他干扰因素。而且，电视观众往往利用节目间隙时间离开电视机休息一下。

2. 电视的优势

1) 成本效用

很多广告主把电视看作是传播广告信息最有效的方法，因为它的到达面非常广。数以万计的观众定期看电视。电视不仅能达到很大比重的人群，而且还能到达印刷媒体不能有效到达的人群。

2) 冲击力

电视画面和声音可以产生强烈的冲击力，这一性质导致了一定程度的消费者的参与，这与遇到一位说服力很强的销售员的购物经验很相似。电视也允许很大程度的创新，因为它将画面、声音、颜色、动作和戏剧结合起来。电视有令人难以置信的能力：它能使平凡的产品显得很重要、令人兴奋、有趣。如果广告令人喜爱，还能使消费者产生对赞助商的正面的联想。

3）影响

电视对我们的文化有着强烈的影响。对多数人来说，电视是一种主要的信息来源、娱乐形式和教育途径。它是我们生活中的一部分，以至于我们更容易相信那些在电视上做广告的公司（特别是戏剧和教育节目的赞助商），而不相信那些不做广告的公司。

3. 电视的劣势

1）费用

电视广告的制作和播放的成本非常高。虽然人均成本低，但绝对费用可能很高，尤其是对于中小型公司来说。请名人做广告的费用更高。

2）干扰

电视广告的干扰非常多。国家新闻出版广电总局等有关部门对广告播放时间和时段的规定就是一种限制。另外，如果30秒的广告、电视台间隙广告、信用服务广告和大众服务广告增加，电视广告的可视性和说服力就会下降。还有很多地方性电视台对自己节目的促销也造成了对广告一定程度的干扰。

3）对观众没有选择性

虽然已有各种技术能够更好地定义消费者，但是电视对观众仍然缺乏选择性。由于广告主不能确信观众就是恰当的受众，于是广告有很多浪费的覆盖面，比如，向并不符合目标市场特征的受众传递信息。

（四）广播

1. 广播广告

在全国联网和当地电台都有广播广告。联网广播是通过电话线或卫星与一个或多个全国性联网相连的一组地方会员广播电台。联网广播提供及时的联网节目，许多地方或区域性的电台同时属于多家联网，每家联网都提供特别的节目，这样电台的时间安排就比较紧凑。ESPN联网广播就是一例。每家电台都通过自己的天线发出联网的信号，同时也存在区域性的联网（例如，美国山间联网和格罗斯金广播集团），它们对特定的州或农场主之类的特定受众进行广播。

1）联网广播广告

联网广播有着全面的覆盖率和高质量的节目，所以很受欢迎。在美国，至少有20家全国性联网广播播放音乐会、脱口秀、体育赛事、戏剧等节目。卫星转播带来了重要的技术进步，卫星不仅提供了更好的声音，而且能够用不同的形式发送多个节目。联网广播被视为一种可行的全国性的广告媒体，对于食品、汽车和药物的广告主来说更是如此。美国有四大联网广播：Westwood One、CBS、ABC和Unistar。联网广播的发展带动了广播联播节目和无线联网的增加。会员广播电台增多的同时，广播联播节目也在增多，这就给打开新市场的公司提供了更多的广告机会。联播节目为广告主提供了各种高质量的、特别的节目。

2）插播广播广告

广告主通过一家电台而不是联网来做广告。广播联网提供预先设定的全国性的广告，也允许地方会员出卖插播广告时间，它为广告主提供了很大的灵活性。

总的来说，电台广告收入可以分为三种类别：联网的、插播的和地方的。联网收入最少，只占广播广告总收入的5%左右；地方广告收入占90%；全国性插播广告收入占5%。

2. 广播的优势

1）受众明确

广播能通过特别的节目到达特定类型的听众。它能够适应全国不同的地区，能在不同时间到达听众。例如，对于开车上下班的人来说，广播是一种理想的到达方式，这些广播时间叫驾驶时间，它为很多广告主提供最好的目标受众。

2）灵活性

在所有媒体中，广播截止期最短：文案可以直到播出前才交送，这样可以让广告主根据地方市场的情况、当前新闻事件甚至天气情况来做调整。例如，在雪后，一家地方的五金商店就可以迅速地进行铁铲的促销。广播的灵活性还在于它愿意播放带有促销性质的插播广告。例如，为了促销饭店的比萨饼，广播电台播出促销性的有免费赠品的竞赛，让人们产生意愿并进行尝试。

3）可支付性

广播可能是最便宜的媒体，因为广播时间成本很低，而且可能被广泛地接收。另外，制作广播广告的成本也很低，特别是当读信息的是地方电台的播音员时。广播的低成本和对目标群体很高的到达率使其成为非常好的辅助媒体。实际上，多数广播广告最恰当的地位是辅助性广告，作为其他媒体广告的辅助方式。

4）想象

广播让听众有一个很大的想象空间。广播通过词语、声音效果、音乐和声调来让听众想象正在发生的事情。所以，有时广播被称为思想的剧院。

5）接受程度高

在地方范围内，广播的接受程度很高。广播并没有被想象为一个强迫性的刺激物。人们有自己喜欢的电台和广播员，并定期收听，有这些电台和广播员传递的信息更容易被接受并保存。

3. 广播的劣势

1）易被疏忽

广播是一个听觉媒体，听觉信息转瞬即逝，广告很有可能被漏掉或忘记。很多听众都把广播视为令人愉快的背景，而不去认真听它的内容。

2）缺乏视觉

声音的限制会阻碍创意。必须展示或观赏的产品并不适合做广播广告，制作出能令观众产生观看产品这种想法的广告非常难。专家认为，幽默、音乐和声音效果的运用是最有效的方法。

3）干扰

竞争性广播电台的增多和循环播放使得广播广告受到很大的干扰；广播听众往往倾向于将自己的精力分散于各种事情，这样，听众听到或理解广播信息的可能性就大大降低了。

4）时间安排和购买的难度

想达到比较广的听众的广告主需要向好几家电台购买时间，这样，时间安排和广告评价变得非常复杂。

5）缺乏控制

因为很大比重的广播都是谈话广播，总会有播音员说对一些或所有听众不利的话或主题，这就对赞助商产生负面影响。

（五）电影院和录像带广告

在电影院以及录像带出租店内使用促销性产品或服务的比率不断增加，它们是传递广告信息的两种方式。在播放电影前或序幕前插播广告片是当今的时尚，无论是地方的广告主还是全国性广告主，均采取了这种宣传方式，这种广告片替代了以前在正片前播出的卡通片。例如，可口可乐公司就在电影院内频繁播出经典可乐的一个60秒的广告片，以促销它的果味可乐。迪士尼也以此种方式来促销它即将上映的电影以及《迪斯尼世界》一片。

1. 电影院和录像带广告的优势

1）展露次数多

看电影的人数较多，与此同时，家庭中使用单放机的数目也在增加，这些增长的数目表明，更多的人将更有可能接触广告。当然，这些观众的一部分人比一般人看电视的时间少。

2）心情

如果观众喜欢某部电影，也会爱屋及乌地喜欢该影片中所出现的产品广告。例如，当宝马在007系列电影《黄金眼》中展示它的Z3型号时，宝马公司希望观众观看电影的兴奋及好心情也能传递给宝马车。

3）成本低

在不同电影院播出广告其成本是不同的，但从展露的绝对或相对成本来说，该方式的广告成本是低的。

4）回想率高

有调查表明，看完电影的第二天，有87%的观众能够回想起在电影院看到的广告，而电视上播放的广告只有20%的回想率。

5）干扰少

由于电影院要限制播放广告的数目，所以得到播放的广告收到的干扰会少。

2. 电影院和录像带广告的劣势

1）观众的不满情绪

人们不希望在电影或录像带中看到广告。多项研究显示，人们对这类广告会产生高度的厌烦情绪，而且这种情绪会带给产品本身、电影或者电影院。人们在电影院看到商品广告会发出"嘘声"。

2）成本高

由于播放率的收费低，在地方电影院中播放广告的低成本被看作是该广告方式的优势之一，但是全国性的广告，为了达到2500万观众的目的，需要交很高的广告费。比电视的同类展露率成本高20%，而且该广告的千人成本也比其他的媒体高。

（六）网络广告

国际互联网是指通过一系列互相连接的计算机在全世界范围内实现信息交换和传播的一种全球性工具。最初是为美国国防部的计划——互联网络或信息高速公路而开始实施的，现在已经可以与任何一个有计算机和调制解调器的人进行连接。

网络为营销商提供了一个向消费者直接出售产品的完美机会，互联网上的广告的一个主要目标就是促成直接的销售。互联网上的广告者还有以下目标：传播信息（网站在提供深入的有关公司产品和服务的信息方面是很出色的）；创造声誉（同这个组织提供的特定的产品和服务一样，网上的广告在为组织创造声誉上也非常有用）；收集调研信息（网络被营销商用来获得有关受众的详细信息；创造形象（不管组织或公司希望自己是什么样的形象，网站均可以被设计成能代表这种形象的形式）；刺激试购（一些网站提供电子优惠券以刺激消费者对他们的产品、服务的试用）。

1. 互联网广告的优势

1）目标营销

由于互联网可以针对非常特定的群体做广告，所以它的浪费很小。

2）信息修整

在精确的目标选择结果下，信息可以完全针对目标受众的特定需要和愿望来设计。

3）交互能力

网络的双向互动性大大提高了消费者的参与度。站点的访问者已经对浏览公司或产品具有了足够的兴趣。

4）信息传递

一旦用户访问网站，它们可以获得大量有关产品说明设计、购买信息之类的信息资源，而新的信息的提供速度几乎是即时的。

5）销售潜力

销售潜力一种直接的反映媒介，它促成销售的能力得到了很大的加强。

6）创造力

设计恰如其分的网站可以带来重复性的访问，公司同样可以从中获益，就像从它的产品和服务中获益一样。广告牌和网站可以频繁地修改以刺激消费者的兴趣和需要。

7）市场潜力

互联网正在飞速增长。当个人计算机不断向家庭的渗透以及人们对网络的兴趣和注意越来越多的时候，市场的潜力同样也在增长。

2. 互联网广告的劣势

1）衡量问题

由于这种媒介是一种全新的事物，能被人广泛采纳的有效的受众和效果衡量方法目前还没有找到。

2）受众特征

网络并不适合于所有人。大多数用户都对计算机以及与技术有关的产品感兴趣，所以几乎一半以上的网上广告都是有关计算机的产品。

3）网络拥挤

有关网络的一个最主要的抱怨就是传递信息所需要的时间。

4）冲突

由于广告量的激增，广告吸引注意的能力明显下降，一项调研表明，仅仅7.2%的网络用户说他们经常或者总是会点击广告牌以获得更多的信息，而一半以上的用户说他们从来不曾这样做。电子邮件在作为建立营销关系的沟通方面正如洪水泛滥。

5）诈骗的潜在可能

美国媒体教育中心指出，广告尝试着用一些狡猾的广告信息瞄准儿童的时候，网络简直就是"充满诱饵的渔网"。美国媒体教育中心已经呼吁政府增加对网络的管制。

6）成本

许多广告主相信，网络对价位高的产品不失为一种有效的媒介，而对价格较低的消费品如肥皂、糖果却往往不那么有效，相应的广告及交易的高成本限制了网络的魅力。

7）互联网络与整合营销沟通计划的联合

互联网的直接反映销售能力很容易得到确认。销售的潜力还可以通过与别的计划元素整合得以提高。网络广告既可以支持其他的广告媒体又可得到其他广告媒体的支持。作为支持，网络具有向有兴趣的消费者提供产品信息的无限制的潜力。同样有效的产品广告也可以带来更多的人更频繁地访问网站。

8）销售促进

为吸引更多的人浏览网站，网络广告者提供多种销售促进措施。例如，给访问者优惠券或以保持网站的娱乐性来保证促销的价值。

9）公共关系

一些公司以提供研究机构或其他组织的资料博得网站浏览者的青睐。例如，Guinness允许浏览者下载它的最新的电视告知性广告作为屏幕保护，以此来树立公司形象。

10）人员销售

网站可以有效地用来获得高质量的引导、识别消费者的需要以及直接人员销售的效果，软件开发商正在利用它们的网络得到消费者对产品发出抱怨以及改进建议的相关信息。

二、小众传播媒体

(一) 户外广告

户外广告取得一系列成功的原因在于，它能通过科技手段来保持广告效果，三维效果和尺寸的延伸可以更加吸引受众的注意。户外广告的使用十分广泛：在体育馆、超市、书店、食堂、购物商城、高速公路、建筑物上，都可以看到招牌或电子广告牌；无论是纽约市摩天大楼的霓虹招牌，还是美国中西部栏杆两侧的草地油漆招牌，均可以捕捉到户外广告的踪影。

1. 户外广告的优势

1) 广泛覆盖地方市场

安置合理的户外广告能够在地方市场白天黑夜地广泛展露，一个100GRP的展露度（一个户外招贴每天产生的累积展露人次所占的百分比）意味着每天能够产生的展露次数相当于整个市场，一个月下来就是3000个GRP。如此高的覆盖率可以产生很高的到达率。

2) 接触频度高

由于购买周期通常为30天，消费者常常多次接触户外广告，所以它可以达到较高的接触频度。

3) 位置灵活性大

户外广告可以放置在公路两旁、商店附近，或者采取活动的广告牌的形式。只要是法律未禁止的场所，户外广告均可放置。这样就可以覆盖地方市场、地区市场甚至全国市场。

4) 创意新颖

户外广告可以采用大幅印刷、多种色彩以及其他很多方式来吸引受众的注意力。

5) 能够创立知名度

户外广告具有很强的冲击力（且要求信息十分简洁），所以可以建立高水平的知名度。

6) 成本效率很高

与其他媒体相比，户外媒体的千人成本通常非常具有竞争力。

7) 收效良好

户外广告通常能够直接影响销售业绩。

8) 制作能力强

户外广告可以经常替换，因为现代科技缩减了制作的时间。

2. 户外广告的劣势

1) 到达率的浪费

虽然户外广告可以将信息传达给特殊受众，但大多数情况下购买这一媒体会导致很高的到达率浪费。因为并不是每个驱车经过广告牌的人都是目标受众。

2) 可传递的信息有限

由于大多数经过户外广告的受众行走速度较快，户外广告展露时间较短，因此广告信息必须是几个字或一段简短的话。太长的诉求通常对受众无效。

3) 厌倦感

由于展露频度高，人们对户外广告的厌倦度也高。人们可能会因为每天看到同样的广告而感到厌烦。

4) 成本高

由于制作招牌数目的减少，以及充气广告的制作成本增加，从各个方面而言，户外广告的费用都是昂贵的。

5）广告效果评估困难

对户外广告的到达率、到达频度及其他效果的评估的精确性是营销商面临的难题之一。

6）形象问题

户外广告不仅存在形象问题，而且消费者还可能忽视其存在。

（二）空中广告和流动广告牌

1. 空中广告

空中广告是指飞机在空中拉上标语、横幅，通过尾气在空中写字（通常字体的长度达1200英寸（1英寸＝2.54厘米）），进行广告宣传。广而言之，这些媒体的费用并不绝对昂贵，也有利于达到某些目标受众。

2. 流动广告牌

有的公司将广告画在大众的甲壳虫汽车上，我们将这种广告形式称为甲壳虫广告牌；有的公司将广告画在卡车和火车上；还有的将广告做在较小的广告牌上，然后将它固定在拖车上，在目标市场上行驶或停泊，以吸引受众的注意。这种广告形式的成本是根据广告所在地区以及流动广告牌公司的收费而定，公司无论规模大小，均可以使用这种媒体。许多广告主，诸如花旗集团等都使用这种方式。

（三）店内媒体

广告主在超级市场内促销产品，在其他店内以展示、横幅、货架标号等方式进行销售促进。其他方式，诸如在购物手推车上播放录像，在有收据和奖券的售货亭内进行录像展示，使用发光二极管做成的广告版，以及在店内屏幕上播放广告片等，均属于卖点广告（POP广告）。IBM公司每年在这个宣传领域要花将近1500万美元。

美国POP广告协会公布的数据显示，有近2/3的购买决策是由消费者在店内做出的，有些产品类别甚至有80%的购买属于冲动式购买。这些结果大大激发了广告主对店内媒体的兴趣。既然可以在购买场所趁消费者决策时接触到他们，既省事又能提供更多的信息，广告主当然愿意在这一领域多投入资金。

（四）交通广告

交通广告虽然也使用广告牌、电子信号，与我们讨论过的户外广告相似，但交通广告的目标受众是那些接触商业交通工具的人们，如公共汽车、出租车、郊区火车、电梯、电车、飞机和地铁。一些包装商品公司，如高露洁、亨氏、卡夫……通用食品公司是主要投入这项花费的公司，这些公司青睐于交通广告的低成本和可确定的展露到达频度。

1. 交通广告的形式

交通广告有三种形式：车厢广告；车身广告；车站、月台或站台海报。

1）车厢广告

公共汽车的座位上、行李架上有各种有关餐馆、电视或广播台，以及其他各种产品和服务的车厢广告。一种较新颖的车厢广告形式是电子信息板，它可以播出流动的广告信息。这种信息以可变动的方式更容易吸引受众的注意力。

2）车身广告

广告主采取各种户外交通招贴来促销产品和服务。这些车身广告出现在公共汽车的车厢两侧、后面和车顶、出租车、火车、地铁和电车的车身上。

3）车站、月台和站台海报

在火车或地铁站、飞机场等站点的其他广告展示形式，如地面展示、电子信号牌，均属交通广告。

2. 交通广告的优势

1）展露率高

市内形式的交通广告的主要优势在于广告可有较长的展露时间。对于一般交通工具而言，人们平均乘坐的时间为 30～40 分钟，因此交通广告有充足的时间来接触受众。而乘坐飞机的旅客在等候航班时通常无处可去，无事可做，购买飞机票后，可能多次阅读飞机票上面的广告。而且，因为交通广告可接触受众的数目是确定的，所以该广告形式的展露人数也就可以确定。每年有数以万计的人使用大众交通工具，从而为交通广告提供了大量的潜在受众。

2）到达频度高

由于人们每天的日程安排是固定的，所以经常乘坐公共汽车、地铁之类的交通工具的人们会重复接触交通广告。例如，如果你每天坐同一路公车往返，一个月内你有可能看到同一广告 20～40 次之多。而且车站和广告牌的位置也会带来较高的展露到达度。

3）及时性

许多消费者都会乘坐公共交通工具前去商店购物，所以某个特殊购物区的交通工具促销广告能够将产品信息非常及时地传播给受众。

4）地区可选性

特别是对地方广告主而言，交通广告的一个优势在于它能够将信息传递给某个地区的受众。具有某种伦理背景、人口特点等特性的消费者就会受到某地区卖点交通广告的影响。

5）成本低

无论从绝对角度还是从相对角度而言，交通广告均是成本最低的广告形式之一。在公共汽车车厢两侧进行广告宣传的千人成本非常合理。

3. 交通广告的劣势

1）形象因素

对于大多数广告主来说，交通广告并不能十分理想地向受众表达产品或服务所要表达的形象。有的广告主认为，在公共汽车的车身或公共汽车站进行广告宣传，会不合理地反映公司形象。

2）到达率低

虽然交通广告可以覆盖广大的受众，但从总体上来说，具有某些生活方式或行为特点的受众就可能不被包含在这种媒体的目标市场中。例如，在乡村或郊区，大众交通工具很少见或者根本没有，那么交通广告对于这些地区的人们来说是无效的。

3）覆盖率存在浪费

虽然交通广告具有地区可选性的优点，但并不是所有乘坐交通工具或者看到交通广告的人都是潜在顾客。如果某种产品并不具有十分特殊的地理细分特点，这种交通广告形式会带来很大的覆盖率的浪费。交通广告还存在一个问题，同一辆车不可能每天行驶不同的路线，为了减少交通工具的磨损和毁坏，有的公司将城市线路改为更长的城区路线，因此，一辆公共汽车可能头一天到市中心区并到达目标受众群体，第二天却在郊区行驶，那里就没有多少市场潜力可言。

4）文案制作和广告创意的局限

在车厢上或座位上画上色彩绚丽、具有吸引力的广告似乎是不可能的。车内广告牌固然可以展示更多的文案信息，但车身广告上的文案信息总是一闪而过，所以文案诉求点必须简洁明了。

5）受众的心情

当人们站在或坐在拥挤的地铁站候车时，可能很难被指引着去阅读地铁广告，更别说去产生广告主所期望受众产生的心情。同时，当乘客匆匆忙忙地穿过飞机场，在这种焦急的心情之下很少会注意飞机票上的广告或飞机场内放置的广告，这也会限制该广告的有效性。

(五) 电影和电视中的产品陈列

这种广告方式是指在电影或电视节目中播出真正的产品，也被称为植入式广告。虽然这种形式在广告或促销活动中算不上有什么重要作用，但对某些公司来说，却十分有效。许多公司为了在电影或音乐录像带中让制作商使用他们的产品，甚至宁愿自己掏钱。

1. 产品陈列的优势

1）展露次数多

每年看电影的人很多。随着家庭录像带租借市场的扩大，以及与联网电视和有线电视的有效结合，在电影中进行产品陈列的潜在展露度是相当巨大的。而且这种展露形式，至少在电影院中不受转台的影响。此外，通过产品陈列在电视节目中展露还能得到很高的收视率，并且可以使广告直接指向一个明确界定的目标受众群体。

2）接触频度高

由于产品在电影或电视节目中的使用方式不一，所以重复展露的机会很大。对喜欢反复观看某节目或电影的人就有很多的展露机会。

3）可协助其他媒体的使用

广告陈列还可以在其他促销工具的使用过程中充当辅助的角色。

4）信源关联

当消费者看到他们所喜爱的明星穿着Lee品牌的服装，喝着可口可乐，或者开着宝马汽车时，它们也会对这些产品产生喜爱的情绪，并留下好印象。这就是信息关联所产生的效应。例如，青少年喜欢的电视剧中的人物都穿着韩日风格的服饰，很多年轻人就会开始朝着韩日的方向调整自己的穿衣风格。

5）成本低

由于是穿插在故事情节中，所以花费不会很高。

6）回想率高

许多公司对产品陈列的第二天回想率进行调查，研究产品陈列的广告影响力，结果不一。强生婴儿洗发香波的回忆率是20%，而家乐氏的玉米片确有67%的回忆率，产品陈列的平均回想率是38%，而且，报道的这些数字均高于电视的收视回想率水平。

2. 产品陈列的劣势

1）绝对成本高

虽然在电影中产品陈列千人成本非常低，但绝对成本却可能高，使得许多广告主无法通过这种媒体进行产品陈列。例如，在迪士尼的电影《Mr.Destiny》中，进行产品陈列的费用是2万美金，让演员提及该产品的费用是4万美金，让演员真正使用该产品的费用是6万美金。展露时间短。虽然这种产品陈列的广告方式对观众具有影响力，但并不能保证观众会注意该产品。有些产品的陈列的方式比其他方式更加显著。如果产品没有及时进入角色中，广告者就要冒着产品不被注视的风险。

2）诉求空间有限

片中不可能介绍产品的好处，或提供产品的细节信息，诉求方式也仅限于信息关联、使用和娱乐。对产品的宣传是间接的，产品展示的灵活性也受限于它在电影中的使用方式。

3）可控性差

在许多电影中，广告主无法确定产品展示的时间和方式。

4）受公众反应限制

许多看电视和电影的观众十分反感在电影或电视节目中播放广告，他们往往将节目内容与商业广告截然分开。如果产品陈列太具侵犯性，会引起人们对品牌的消极情绪。

5) 竞争性强

产品陈列的魅力使得将产品插入电影的竞争不断升温。宝马最初决定在电影《The Firm》中陈列,可是奔驰提出了更高的标价,所以宝马不得不退出该影片。

6) 负面影响

在某些电影场景中,有些产品的陈列会引起观众的讨厌,或者会产生不良情绪。

第二节 媒体计划

一、媒体计划概要

媒体计划是指一系列的决策,包括把促销信息传播给未来的购买者或者产品、品牌的使用者。媒体计划也是一个过程,它意味着要做出许多决策。随着策划的进展,每一决策都可能被修改甚至被抛弃。

媒体计划是选择媒体的指导,它要求制定具体的媒体目标,以及设计具体的媒体战略来达到这些目标。一旦这一系列决策做出,并且目标和战略也制定出来以后,这些信息就有组织地形成了媒体计划。

媒体是可用的传播系统的总体类别,包括电波媒体(如电视和广播)、印刷媒体(如报纸和杂志)、直接邮寄、户外广告以及其他辅助媒体。媒体载具是媒体的一种具体的载体,例如,《时代》和《求是》是印刷载具,"新闻30"是电波载具。由于每种载具都有自身的特征,所以必须根据每种载具在传播信息方面的优势来制定具体的决策。

到达率是指在一段给定的时间内,对至少一次接触媒体载具的不同受众人数的测量。

覆盖面是指可能通过媒体载具接收信息的那些潜在受众。覆盖面和潜在受众有关,而到达率则指已接收信息的实际受众。接触频率是指接收在一段具体的时期内接触媒体载具的次数。

(一)媒体计划

从基本含义来看,媒体计划的目标是要找到一种媒体组合,它能使营销商以最有效的方式、最低的成本把信息传播给最多的潜在顾客。制订媒体计划步骤如下。

1. 形势分析

目的:确定营销问题。对公司及其竞争者在以下基础上进行分析:全部市场的规模及份额、销售历史、成本和利润、分销实践、推销方法、广告的使用。

2. 营销战略计划

目的:对能解决一个或多个营销问题的活动做出计划。该计划包括对以下项目的决定:营销目标、产品和支出战略、分销战略、应该采用营销组合的哪一因素。

3. 创作战略计划

目的:确定要通过广告传播的内容。该计划包括以下几项内容:产品怎样才能迎合消费者的需要、产品在广告中的定位、广告文案的主题、每则广告的具体目标。

4. 设定媒体目标

目的：把营销目标和战略转变成为媒体能够完成的目标。

5. 确定媒体战略

目的：把媒体目标转变成总体指导，它将控制策划者对媒体的选择和使用。应该选择最佳战略。

6. 选择广泛的媒体类别

目的：确定最能满足标准的广泛的媒体类别，包括对报纸、杂志、广播、电视等广泛的媒体类别进行对比和选择。受众规模是用于对比各种媒体类别的主要因素之一。

7. 在媒体类别中进行媒体选择

目的：采用事先预定的标准比较并选择这些媒体类别中最好的媒体。

（二）媒体计划中存在的问题

1. 信息不充分

当关于市场和媒体的大量信息存在时，媒体计划者能得到的信息常常不能满足他们的需要。一些数据未被测量出来，原因或者是它们不能被测量，或者是测量它们的费用太昂贵。例如，虽然存在着对广播收听人数的连续测量，但是，由于样本规模和成本限制，报告出来的却只有期间性地对收听人数的研究。

测量时间也是个问题。对一些受众人数的测量只在一年中的特定时间才进行。这些整理后的信息将用于推测以后月份的情况，因此，进一步的决策一定是建立在并不反映现在行为的过去数据的基础上的。

信息的缺乏对于小广告主来说甚至更成问题。因为小广告主可能没有足够的资金来购买他们所需要的信息。结果，它们的决策就只能基于一些有限的或过时的数据。

由于不同媒体的成本基数不同，并且用来确认这些成本的度量衡标准也不一致，所以就出现了一些问题。例如，印刷媒体可以提供到达每一千人的成本数据（CPM，千人成本），电波媒体使用每一视听率成本（CPRP），户外媒体使用展示品的数量。

2. 时间压力

广告主们似乎总是很繁忙，有时因为他们必须这样，但有时却是他们自认为应该这样。竞争者的行动（例如，某一载体的播放费用的削减）要求即刻应有反映措施。但有时这种紧迫的感觉错误地造成了时间上的压力。所以，在有些情况下，媒体选择决策在未经过适当的策划和市场或媒体分析之前就做出了。

3. 测量有效性方面的问题

一般来说，因为很难测量广告和销售促进的有效性，所以也就很难确定各种媒体或媒体载具的有效性。由此，在策划过程中（尤其在"直接反映"广告领域），媒体计划者通常必须猜测这些选择的影响。

（三）制订媒体计划

媒体计划的制订除了特别强调确定传播信息的最佳途径之外，它和媒体战略的制定是很相似的。

（1）市场分析。

（2）媒体目标的建立。

（3）媒体战略的制定和执行。

（4）评价与实施。

二、市场分析和目标市场的确认

（一）广告的目标市场

虽然通过环境分析可能有许多目标市场，但仍然要决定哪一个具体的群体支持媒体计划者，这样才可能使策划者与客户、客户代表、营销部门和创作指导一同发挥作用。许多因素都能在这一决策上帮助媒体计划者。有一些因素的分析可能需要进行进一步的研究，而另外一些因素的分析只要从出版物来源中就可以获得。

在原始数据、百分数和指数中，媒体计划者更关注百分数和指数。

（二）内外部因素的影响

媒体战略要受内外部双重因素的影响，这些因素在任一既定时段都起着一定的作用。内部因素包括媒体预算的规模、经理人员和管理人员的能力或者代理商的组织结构等。外部因素包括经济性（媒体正在上升的成本）、技术的更新（新媒体的适用性）、竞争因素，等等。虽然在这些信息中，有些需要第一手的研究，但大多数信息通过二手资料就能获得，包括杂志、联播服务，甚至还有日报。

（三）促销的地点

何处促销的问题与地理方面的考虑相关。我们采用指数法确定应在何处促销：除了西蒙和MRI指数之外，购买力指数也很有用。

购买力指数测量。这一指数每年都由《销售与营销管理》杂志发布，它是针对美国每一座大城市市场做的，涵盖了许多因素，其中包括这一地区的人口、有效购买收入和零售总额。每一因素都单独影响购买力指数。这一指数把某一具体的大型地区、县或市相对于美国整体的潜力通过图表形式表示出来。通过最后的指数，媒体计划能发现该市场的相对价值。当将相对价值与其他市场信息结合使用时，购买力指数测量有助于营销人员确定以哪一地区作为目标市场。

三、确定媒体目标

通过媒体分析以确立具体媒体目标。设计媒体目标是为了获取沟通和营销目标。媒体目标是为媒体方案而制定的，它应该局限于那些通过媒体战略能够达成的目标的范围之内。下面是一个媒体目标的例子。

通过以下几个步骤在目标市场中促使人们知道某一产品：

用六个月的时间采用电波媒体来提供的80%的目标市场覆盖面；

在同样的六个月期间内，广告至少3次到达目标受众的60%；

在冬季和春季集中最大力量来做广告，在夏季和秋季则减弱。

第十章

广告客体
GUANGGAO KETI

第一节 广告客体概述

一、广告客体的构成

广告客体，是指广告作用的对象，即接收广告信息的受众。广告活动由广告主和广告公司来运作，针对目标市场中的消费者进行有关信息的发布。这其中产生一个传和受的关系，广告主和广告公司作为信息的发送方，而受众作为信息的接收方，形成传播的过程。没有受众作为受者的存在，就没有广告信息传播的必要，也就不需要传者的运作活动。传者和受者的信息沟通是通过传播过程来完成的。

从表面上来看，广告通过大众媒介和非大众媒介传播，能够对所有通过媒介接触广告的媒介受众发生作用，媒介的所有受众都能够成为广告的客体。但是实际上，按照科学的广告观念，广告的目的是针对特定的目标消费者进行诉求，并对他们发生作用，并不是针对所有的人进行的。因此，我们可以把广告的客体分为实际客体和目标客体。

（一）广告的实际客体

广告的实际客体，即所谓的通过一种或几种媒介接触广告的媒介受众。与一般的大众传播受众相比，广告的媒介受众涵盖面更为广泛。除了一般电视、广播、报纸等大众媒介的受众，一些小众媒介，如传单、路牌、橱窗、霓虹灯、空中漂浮物等的受众也同样属于广告客体的一部分。按照媒介使用情况考虑，媒介受众又可以分为报纸广告受众、电视广告受众、网络广告受众、户外广告受众，等等。了解不同媒介使用的广告受众，有助于受众的市场细分，以制定相应的传播战略和策略。

（二）广告的目标客体

广告的目标客体，是指广告的诉求对象。也就是根据广告的目标要求来确定广告活动的特定诉求对象。就商业广告来说，广告的目标客体主要有四种类型。

1. 普通消费者

普通消费者，即为满足个人生活需要而购买商品的消费者大众，由个人和家庭组成，是广告活动的主要传播对象。这个庞大的受众群体正是广告的行动对象。在极其宽泛的"消费者广告"的受众里，广告主可以对受众特征进行更为精细的区分，如男性、24~45岁、年收入超过5万元等。

2. 工商组织成员

工商组织成员，包括生产资料（如办公设备、生产机械、原材料和软件）的生产企业、社会组织等构成，是区别于一般消费者的大宗货物购买者。针对这类受众的产品和服务往往需要人员销售。另一方面，由于广告诉求不是面对团体所有成员，而通常是面对团体的特定的决策者。因此，可以利用广告在潜在买主中创造知名度，培养有利态度。

3. 商业渠道成员

商业渠道成员，包括零售商、批发商和经销商，它们既是日用产品和服务生产商的受众，又是生产资料生产商的受众。生产商只有从商业渠道获得足够的零售量,产品才会到达买主,因此,广告必须针对市场的商业环节。各种广告和促销形式均有助于培养能够满足商业渠道成员的需求。广告的条款在代理政策中也占有很重要的地位,有没有广告支持,将影响产品的销售状况。一般情况下,如果厂商不能提供良好的广告支持,经销商为了扩大销售量,只好自己出钱进行广告宣传,这样就加大了经销商的经营成本,因此,能够获得更多的广告支持,实际上也相当于获得了部分利润。

4. 专业人员

专业人员,是指医生、律师、会计、教师或其他任何接受过特殊培训或持有证书的专业人员,他们构成了广告的特殊目标受众。一方面,由于这类受众具有特殊的兴趣和需求,因此针对专业人员的广告应注重于表现专门为满足他们的需求而设计的产品和服务,且在广告中使用来源于专业人员公认的专业术语和特殊的环境。而另一方面,这些具备专业背景的人员的权威性,又使得他们成为对企业目标顾客购买行为有影响的人员。例如:在购买婴儿尿布和其他婴儿护理品时,很多消费者从儿科护士那里寻求建议;而购买药品和营养食品的消费者则较为相信医生的建议。因此,将这类人员进行单独划分并研究是十分有意义的。

二、广告客体的性质

广告受众是广告传播的客体,是广告作用的对象。在广告传播活动中,广告受众具有下面几个特征。

1. 多重性

所谓多重性,是指广告受众是多重角色的扮演者。广告传播是社会传播活动的一个组成部分,作为"大众",广告受众实际上是在参与社会传播特别是在大众传播活动的过程中进入广告传播领域的。因此,广告受众又是多种角色的扮演者。

一是,广告受众是消费者,是市场活动的核心。企业组织生产、开发产品和劳务,都是以广大消费者为中心的。作为消费者的客体,有其特定的消费需求、消费心理和消费行为,它们直接对产品的销售和广告的作用产生影响,他们有什么样的需求,是决定广告传播什么样的信息,即广告的诉求策略最为重要的依据。同时,消费者也是广告传播理想的沟通对象,因此,"消费者"是广告客体的核心角色,只有作为消费者的广告受众才是有意义的。

二是,广告受众是社会成员,是作为社会生活中的人而存在的。作为社会成员,广告受众在特定的社会环境中生活,与周围的人和事发生着各种各样的联系,因而有其自身的社会角色和与此相联系的心理和行为,而这些又直接影响他们的消费习惯、购买决策。因此,在讨论广告受众时,必须考虑他们的社会角色。

三是,广告受众又是媒介受众。一般来说,广告信息是在接触媒介的过程中被接收的,所以,只有先成为传播媒介的受众,才能进入广告受众这一角色。媒介受众对传播媒介的需要、接触媒介的习惯、通过媒介获取信息的行为方式,是影响其能否成为广告受众的重要因素。

广告客体的多重角色都对客体如何接收广告信息,如何受到广告影响产生重要的作用。只有把握广告客体所承担的各种角色的内涵,才能对广告客体有完整的理解。

2. 集群性

广告受众接触广告信息,往往是以个体、家庭的形式出现,处于分散的状态。但由于受到受众个体的特性、社会、经济和文化等多种因素的影响和制约,他们又会形成观念和行为相近或相同的群体。如学生与工人、球迷与股迷、妇女与儿童,等等,他们从心理到行为都将自己视为某一特定群体的成员。这些群体会产生相近或相同的消费特征,而不同的消费群体形成不同企业的目标市场,也成为不同的广告诉求对象。所以,我们所说的广告客体,不是单个的社会人、单个的消费者,而是一个具有相同或者相近的观念和行为的群体。广告客体的研究,也并不是对个体客体的观念和行为的特殊性的研究,而是对整个群体具有的普遍特征的研究。广告定位、广告策略等方面的决策也要依据在这个群体中具有普遍性的特征进行。

3. 自主性

作为广告客体的受众中的每一个人，都是十分具体的，有血有肉、有情有欲的感性的生命个体，他们与传播者一样有强烈的自主意识、创造意识、自尊心理和自己对信息作品的选择、理解和判断，并不轻易为传播者所左右或支配。他们的接受活动从来就不是强制的、被动的和消极的、盲从的，而是自觉自愿的、积极主动的、自主自由的。广告主以广告受众的需求、喜好为指向，广告公司和广告媒介的工作成效受到广告受众的检验。因此，广告受众在广告活动中具有自主的特性。

4. 互动性

在广告传播过程中，广告受众是受作用的一方，无处不在，无时不在。广告信息作为社会文化的一部分，不仅改变着广告受众的消费观念和消费行为，使他们发生趋向于企业预期的广告目标的变化，同时也潜移默化地影响着他们的价值观念、道德观念和社会行为，甚至是他们的媒介接触心理和接触行为。但实际上，广告受众在此过程中却是能动的，他们能够对广告活动中的广告信息及信息发送方产生反作用。一方面，广告受众消费需求的扩展，消费欲望的增加，以及消费心理和行为的改变，会促进企业进行生产和销售的革新、广告策略的调整，以及广告信息传播质量的改进。另一方面，广告受众的媒介接触心理和媒介接触行为又是制定广告说服策略和传播策略的根本依据。因此，广告客体对媒介和社会的发展，也起到了很大的促进作用。所以，可以说作为客体的广告受众与主体和本体之间是存在互动关系的。

第二节　广告与消费者行为

广告受众与消费者既有联系，又有区别。消费者是广告信息所宣传产品的需求者、使用者。广告受众是广告信息的接收者。并不是所有广告受众都会产生购买商品的行为，广告信息只会对某一部分受众起作用，有些受众尽管也看到或听到了某些广告，但广告对他们不会产生任何影响，甚至还会引起受众的抵触情绪。因此，只有当广告受众实施了购买行为，才能转化成为广告主所期待的消费者。但是，广告信息的接收者是否产生消费行为，还要决定于其他种种因素。因此，我们有必要对消费者心理、行为及其影响因素进行分析和研究，以便更好地实施合理的广告策略，达成企业的营销目的。

一、消费者的特性和类别

1. 消费者的含义

消费者是指物质资料或劳务活动的使用者或服务对象。从狭义上来理解，消费者就是消耗商品或劳务使用价值的个体。而从广义上来看，产品或劳务的需求者、购买者和使用者都是消费者。

在广告活动中，可以从两个方面来认识消费者。一方面是把消费者看作是市场营销的对象。消费者的需求是产品生产和市场营销的出发点，企业的经营活动以消费者为中心展开。另一方面就是把消费者看作是消费行为的主体，需要全面深入地研究，把握消费者的心理和行为。这种避免了单一的、作为销售对象的认识，不仅把消费者行为与购买、使用相联系，而且与充当消费者角色的个人、家庭和其他群体的社会行为联系起来，与社会的经济结构、各种经济现象相关联，也综合了心理学、社会学、经济学、统计学等多种学科知识，使广告活动具有更强的目标性和针对性。

2. 消费者的类别

从营销的角度来看，消费者有各种各样的类型。运用不同的分类标准，就可以对消费者进行具体的分类。

（1）按照消费目的划分，消费者可分为最终消费者和产业消费者。最终消费者是为了满足个人、家庭需求而购买、消费某种产品或劳务的个体或家庭，又分为个体消费者和家庭消费者。产业消费者是在非最终用户市场中，购买用户制造其他产品或提供其他劳务，以及进行转卖等经营活动的消费者。产业消费者是组织化的消费者，但最终还是以个体的形式出现。

（2）按照对某种产品或服务的消费状态来划分，消费者可分为现实消费者和潜在消费者。现实消费者是指已对某种消费有了需求，并且发生实际消费行为的消费者。潜在消费者是指对某种消费产生了需求，现实未有实际的购买行动，但在未来的某一时期内很有可能产生消费行为的消费者。

以上对消费者的理解和分类，对于广告的有效传播来说是必要的，但还是不够的。我们还可以依据其他标准对消费者进行市场细分，如美国市场学泰斗科特勒提出的以行为变量、地理变量、人口统计变量、消费心理变量等标准细分，以锁定目标消费群。

二、消费者行为分析

消费者行为是指消费者由自身内部因素决定、又受到外部因素的影响而进行的消费活动。消费者行为一般具有自主性（在购买时自主决策）、有因性（产生消费行为有特定的原因）、目的性（产生于特定的目的）、持续性（是持续的活动过程）、可变性（行为会发生变化）等特征。

在实际的消费活动中，真正了解和把握消费者的行为是困难的。因为，消费者采取购买行动时，往往带有很大的盲目性。例如，从服装店买回一件衣服，仅仅是因为在打折；在一家连锁店买回一大堆熟食，是看到别人都在买。而且，消费者因性别、年龄、职业、兴趣爱好等方面的不同，在消费行为上也存在着很大的差异，这些都很难做出预测。

但是，消费者的消费行为还是有规律可循的，不少经济学家和心理学家对此进行研究，提出了各种理论和阐释，帮助我们科学地认识消费者心理、行为以及影响消费者的因素。

1. 消费者的购买决策

分析消费者行为，首先应该了解消费者是如何进行购买决策的，包括谁是购买决策者，购买决策的过程和购买方式等，以便更好地制定相应的广告策略。

1）购买角色

日常生活用品的购买，往往是在家庭内部决定的。在购买过程中，家庭成员可以分别扮演发起者（第一个产生购买动机的人）、影响者（即他的看法会影响最后的购买人）、决定者（即最后全部或部分做出购买决定的人）、购买者（实施认购行为的人）和使用者（消费或使用该产品或服务的人）等不同的角色。如在很多时候，孩子虽然不一定是购买者，但他们却可以在很多产品种类上发挥建议者、影响者和使用者的重要作用。广告主可以充分利用家庭社会系统的复杂性在广告中对角色进行暗示，谁应该负责某一项消费任务，然后将专家的形象赋予其上。如舒肤佳沐浴液的广告，通常选定母亲作为选购产品的主角，以女性呵护的形象作为诉求。使想做这个工作的人可以顺理成章地扮演决策者并捍卫自己的购买决策。

在产业市场中，购买组织的成员分别扮演使用者、影响者、决定者、批准者、购买者和把关者六种角色。产业市场虽然与日常生活用品的购买过程不尽相同，但个人力量在其中所起的作用是很大的。这其中，需要重点研究购买的影响者、决定者和批准者。

2) 购买决策过程

有学者认为：消费者行为是个人从那些能满足自己的预期需求的产品和服务中得到一系列好处的逻辑过程。由此，我们可以把个体当作一个有目的的、按部就班做事的决策者。其购买决策过程一般包括以下五个基本环节：需求、信息搜索、选择评估、购买决策、购后评估与反应。

(1) 需求。消费者一旦意识到有什么需求，并且有一种解决问题的冲动，需要而且准备购买某种商品去满足自己时，对这种商品的购买决策就开始了。导致需求状态开始出现的原因可能很简单，也可能很复杂。来自消费者内部的或外部的刺激都可能引起需要。缺货、对正在使用的商品的不满意、生活变化所致的新的需要、相关产品的购买、营销商的鼓励和引诱，都可能使消费者感受到生活的理想状态与现实状态之间的差距。

因此，广告人和广告主的首要任务之一，就是了解与广告产品种类有关的实际或潜在的需要，在不同时间这种需要的程度以及这种需要会被哪些诱因所触发。从而通过合理的、巧妙的、恰当的广告引导，在适当的时间、地点，以适当的方式引起需要。例如，几乎每到秋季，保暖服饰、羽绒服之类的产品广告主便开始纷纷预报说又一个严冬即将来临，鼓动消费者尽早做好准备。一般这类诉求的效果都会比较好。

(2) 信息搜索。需求一旦确认，就会促使消费者在购买前广泛地搜索信息，认真地权衡各种选择机会。因而，在这个搜索和权衡的过程中，广告主有大量的机会去影响消费者的最终决策。

消费者收集信息的第一选择是调集自己的个人经验和现有知识，即所谓的内部搜索。当消费者对待定的产品已经有了大量经验，那么他就会对这个产品产生较好的感觉，并由此做出选择。而消费者记忆中积累的信息，往往是他们一次又一次接触广告的结果。在消费者实际使用某个品牌前影响他对这个品牌的信赖，或让消费者认知并喜欢这个品牌，以便在他们进入搜索状态时就会立即考虑是否有可能用这个品牌来满足自己的需要，是广告的关键职能。而当消费者以为从内部搜索不足以做出决策的信息时，他们便开始进行外部搜索。

所谓外部搜索包括逛零售商场进行比较，从朋友或亲戚那里收集他们对目标产品的经验，或者，从各种刊物上寻找专业的产品评论。除此之外，如果消费者正处于主动收集信息状态，那么，他们就有可能接受任何经由印刷媒介或电子媒介发布的详细的、信息含量大的广告，或者他们会在受到鼓动的状态下在某个企业网站上贴一张产品查询的留言。

(3) 选择评估。获得信息之后，消费者便进入选择评估阶段。消费者既可以按考虑组来进行选择评估，又可以按评估标准来进行评估。所谓的考虑组是指某一特定产品种类中进入消费者视线的那一组品牌。广告的一个重要职能就是让消费者知道这个品牌的存在，并保持这种状态，以便使这个品牌有机会进入消费者的考虑组。评估标准，则是指产品属性或性能特征，如价格、质地、保修条件、颜色、气味等。广告主要尽可能全面地了解消费者在做出购买决策时使用的评估标准，这无疑可以为广告战役提供一个有利的开端。

(4) 购买决策。经过选择评估，消费者形成了对某种品牌的偏好或购买意向。但购买意向并不等同于真正的购买，受到其他人的态度的影响，或其他一些不可预料情况的出现，如与消费者关系亲密的人坚决反对，得知准备购买的品牌令人失望的情况等，都会使消费者不能实施购买行为。因此，要使购买意向真正转变成购买决策，一方面应通过广告或其他手段向消费者提供更多详细的有关产品的信息，便于消费者比较优缺点，另一方面可以通过各种销售服务，造成方便顾客的条件，加深其对企业及商品的良好印象，促使其做出购买本企业商品的决策并实施行为。

(5) 购后评估与反应。消费者购买商品后，一般通过自己的使用和他人的评判，对所购买的产品进行再次评估，并把他所观察的产品的实际性能与对产品的期待进行比较，产生相应的反应。如果发现所购产品性能与期望大致相符或超过期望，就会感到基本满意、非常满意。相反，如果消费者发现产品性能达不到预期的满足，就会产生失望和不满。消费者是否满意的反映，直接影响他购买后的行为。有调查数据显示，企业的业务水平约有

65%来自其固有的、满足的顾客,而失望的顾客中有91%的人绝不会再买令他们失望的那家企业的产品。因此可以说,消费者对使用当中的产品的评估将成为他们下一次考虑把哪些品牌纳入考虑组的一个决定性因素。

除此之外,消费者在购买产品后,通常都会发生程度不一的认知失调,即在难度较大的决策后遗留下的担心或遗憾。如购买贵重物品,或者在理想品牌中或在很多不相上下的品牌中进行选择时,就有可能发生严重的认知失调。因为被淘汰的备选产品也具有某些吸引人的特点,以至于事后甚至怀疑当初的购买决策。针对这种情况,可以利用广告给消费者提供品牌的详细信息,以增强他们的信心,或帮助那些已经购买了广告宣传的产品的消费者对自己的选择感觉良好,让他们最终认为自己的决策一点都没有错,从而在促使消费者满意的工作中发挥重要作用。

通过分析我们可以看到,在整个消费行为决策过程中,广告都发挥着重要的作用,并对消费行为产生影响。广告唤起消费者对商品的注意和兴趣,启发消费者的联想,诱发消费者的感情,促进消费者的购买决心,最终达到销售的目的。

3)购买类型

购买类型是消费者购买行为的特点和表现。消费者的购买行为有各种表现类型,有的比较理智,有的疑虑重重,有的感情冲动,有的大大咧咧。由于参与购买的程度和商品类别的不同,从而形成多种购买类型。

(1)复杂型购买。一些耐用品、价格昂贵的商品或品牌差异大的商品,如电视机、空调、电脑、高档服装,以及住房、汽车等,由于不经常购买,消费者的参与程度(关心度)比较高。消费者要对商品进行慎重的考察和研究,需要学习相关的产品知识,特别是初次购买,更具复杂性。因此,广告要针对购买的决定者,实施相应的策略,使目标消费者获得更多的学习机会,以便详细了解商品的特点、性能、优缺点等信息,影响他们对品牌的最终选择。

(2)和谐型购买。通常,消费者在购买品牌差别不大的商品时,多表现为这种购买方式。消费者主要关心价格是否优惠,购买时间与地点是否便利。当然,在购买的同时消费者也会出现心理不平衡的情况。如购买某一种商品时,注意到同类商品其他品牌的优点和特点,于是便试图获取更多的信息,以证明其购买决策的正确性。因此,广告要帮助消费者建立对本品牌的信心,消除不平衡心理,进入和谐状态。

(3)多变型购买。这是消费者为追求新奇、时髦、风度等而形成的一种购买类型。这些商品的价格比较便宜,也需要经常购买,因此消费者购买时参与程度(关心度)低,经常变换品牌的选择。消费者一般不主动寻求商品信息,也不对品牌进行认真评价,仅是出于某种目的而寻求变化。这种购买类型,需要使用正确的促销策略和广告策略,吸引其购买。

(4)习惯型购买。消费者的参与程度(关心度)低,品牌之间的差别小。这主要是一些价格低廉、需要多次重复购买的商品,如肥皂、牙膏等。消费者在购买时一般不做太多考虑,经常表现为随意性购买。对品牌的选择,也多是根据经验或习惯,而不是忠诚于某一品牌。因此,广告要在如何帮助消费者指名购买方面制定策略,如选用信息易于接受的媒介,广告诉求内容简明扼要,多次重复等,还应设法增大产品的相关价值,提高消费者的参与程度。

除了购买角色、购买决策过程以及购买类型外,消费者的购买时机(任何采取购买行为)和购买地点(在何处购买)等也是广告活动应该考虑的问题,以便为选择适当的媒介、适当的发布时间提供参考。

2. 影响消费行为的因素

消费者的购买决策深受其不同的社会、文化、个人和心理因素组合的影响。下面分别阐述这四个方面因素的具体内容及其对购买者行为的影响。

1)社会因素

消费者的行为也受到其所处社会阶层、相关群体、家庭等社会因素的影响。

(1) 社会阶层。社会阶层是指一个人在因社会系统中的系统不均而造成的社会分层中所处的相对位置。社会阶层不仅包括经济标准（诸如收入和财产），还包括声望、地位、流动性以及类同和归属感。同属于一个社会阶层的人，因经济状况、价值取向、生活背景和受教育程度相近，生活方式、消费水准、消费内容、兴趣和行为也相近，甚至对某些商品、品牌、商店、休闲活动、媒介习惯都有共同的偏好。而处于不同社会阶层的消费者，也自然表现出不同的行为。如以购买相同价格的汽车为例，如购买一辆绅宝和一辆凯迪拉克，绅宝的主人是一位年轻的建筑师，而凯迪拉克的主人则是一家小建筑公司的老板。这两位消费者绝不会经常光顾同一家餐厅，在同一家酒吧喝酒，或吃同样的食物。他们不属于同一个社会阶层，因而他们的消费也带有明显的阶层标识。这中间的差异并不仅仅是因为钱，显然，其中还反映出社会阶层不同而形成的消费偏爱和看待世界与事物的不同方式。

(2) 参照人群。所谓参照人群是指某个人在做出自己的消费决策时用作参照点的其他人群。通常被消费者选作参照人群的群体有两种基本类型：一种是成员群体指个人按某种固定的条件与之相互作用的群体，在这一群体中的人们之间往往存在较为亲近的联系，如朋友、邻居、同事等。另一种是榜样群体，由人们羡慕或视为榜样的人组成。事实上，在日常生活中，地域和物理条件往往会限制人们与其榜样群体中的成员有意产生相互作用。但是由于人们希望自己能与这个群体的成员相像，因此榜样通常会成为一种行为标准。职业运动员、电影明星、摇滚乐队以及成功的企业主管都可以成为人们的偶像。由此而产生的名人广告正是借助于名人的这种声望和影响力来为广告主推荐产品。

参照人群以各种方式影响着消费者，最起码，他们为消费者提供了某种程度上的评估产品和品牌的信息。我们通常可以看到这样的情形：某人之所以选择某个品牌，完全是因为他认为使用这些产品可以提高自己与参照人群的相似程度，或向他人表明自己属于某个特定的群体。从而在购买产品、消费品牌的时候，实现作为消费者的自我表现利益，也就是所谓的品牌的象征意义。

(3) 家庭。家庭是"'共用一个钱包'的消费共同社会"，因而作为家庭成员的夫妻、母子、父女之间总是有着强烈的相互影响作用。年幼的消费者作为一个家庭成员，从小到大深受父母的种种倾向性影响，因而形成了所谓的代际效应，即家庭对其成员的消费偏好有着持久的影响。一个人成年后用的品牌通常也是其父母用过的品牌，牙膏、洗衣粉等日用品更多会反映出这一规律。当年轻一代脱离家庭的束缚，开始自己的生活，总会遇到这样的情形，当他们浏览于商品的大千世界时，总会没理由地选择一些品牌的商品，但是当他回到父母家时就会发现其中的缘由，这就是所谓的行为的惯性。同样，作为子女的年轻人的思想、行为也同样会影响其父母、长辈对某类产品、品牌的态度及家庭消费模式。如老年人对卡拉OK等新鲜事物的接受，也是受到子女的影响而产生的。

2) 文化因素

文化对消费者的行为产生最广泛而深远的影响。广义的文化指人类在社会历史实践中所创造的物质财富和精神财富的总和。狭义的文化指社会的意识形态及其与之相适应的制度和组织机构。我们这里所说的文化指的是狭义的文化。任何社会都有其特定的文化，它是处于各社会之中的人的欲求和行动的最基本的决定因素。

此外，在每一种文化中，往往还存在许多在一定范围内具有文化统一性的群体，即所谓的次文化，也叫亚文化。次文化以特定的认同感和社会影响力将其成员联系在一起。次文化包括民族次文化、宗教次文化、种族次文化、地理次文化四种类型。消费者因民族、宗教信仰、种族和所处地域不同而必然具有不同的生活习惯、生活方式、价值取向、文化偏好和禁忌，这些因素都会对他们的购买行为产生影响。

3) 个人因素

影响消费者行为的个人因素包括年龄、职业、性别、经济状况、生活方式、性格和自我观念，等等。处于不同年龄阶段的消费者对产品有不同的需求；不同职业的消费者对不同类型的产品有明显偏好；由于生理和心理的差异，男性和女性消费者的消费欲望、消费构成和购买习惯有所不同；经济状况决定着消费者的购买欲望和购买能力；生活方式、个性和自我观念则决定了消费者的活动、兴趣和思想见解。

4) 心理因素

消费者的行为还受到动机、感觉、态度、知觉、学习与信念等心理因素的影响。

(1) 动机。所谓动机是指引起行为发生、造成行为结果的原因，它是促成购买行为的出发点。首先，必须让消费者知道他存在着某些需要，有待于满足。当他感到需要时就会为了满足需要产生动机。广告形成销售力的本质在于迎合、激发、建立和强化消费者的购买动机，也就是说广告通过诉求和表现的信息对目标消费者施加影响，迎合消费者的购买动机，广告才能产生效果，所以关键的是要在实施广告传播活动前洞察消费者的购买动机和心理。

(2) 感觉。所谓感觉就是对某一事物、事件、意念的视觉、听觉、触觉、味觉、嗅觉。同样的汽车，由于感觉不同，会认为甲种汽车是男性用的，乙种汽车适合于女性。造成感觉的主要原因在于个人内在的因素，如人们感觉的程度和过去的经验。一个消费者每天要接触许多广告，但哪些广告能引起感觉，就要考虑用到方法。例如，在报刊上用较大篇幅刊登广告，或是在广告中使用不同的色彩、在广告中留有较多的空白，以增加读者的注意力。进行推销工作，包括广告和人员进行销售，首先要引起消费者或用户的注意，并产生好感。

(3) 态度。态度是个体对特定对象（人、观念、情感或者事件等）所持有的稳定的心理倾向。一个人的态度往往是经过长期的个人经历逐步形成的。销售工作必须注意态度问题，或是改变人们的态度，或是经过调查而改进产品的成分、包装等，以适应消费者多种的态度。例如，当速溶咖啡上市的时候，不受欢迎，销路不广，美国通用食品公司制成了一种 Maxim 咖啡，但不用"速溶"作为卖点宣传，而用"既有传统咖啡的美味，又有迅速溶解的方便"为诉求，从而改变了消费者的态度，打开了销路。

此外，不同的消费者在具体的消费心理上，如对健康、安全、审美、娱乐的感知和态度也存在着很大的区别。同时，这些心理又直接影响消费者的决策过程和决策行为，也应予以重视。

三、广告对消费者的作用

20世纪以来，世界上一些发达国家的消费者已逐步形成对广告的依赖性。这是由于广告可以不断地向广大消费者提供许多有关生活的信息，为消费者进行消费活动创造便利，从而丰富了消费者的生活，增长了消费者的知识，开阔了消费者的视野。

1. 广告对消费者生活的丰富

现代化的工业企业都是进行专业化生产的。任何一种新产品的问世，都是为了满足消费者的某种需要，改善消费者的生活条件，丰富消费者的物质与文化生活，提高消费者的生活水平。每一项新产品的问世和投放市场，都必须通过广告把有关产品和市场的信息传播给消费者，使消费者产生购买行为，这样才能达到满足消费者需要的目的。

广告通过传播信息，为消费者提供个人消费指导，如工作用品的选用、生活用品的采购以及其他衣食住行等方方面面。重视整洁的家庭妇女，通过广告选择自己所需的各种简单的清洁剂，以减轻家务劳动的艰辛劳累，提高工作效率。人们在日常生活中，如家具的采购、食物的选择、医药的择用以及旅行、游乐等，无不借助于广告所提供的信息进行选择。

企业通过广告活动，为广大消费者介绍各种能够丰富人民生活、改善生活环境和生活条件、提高生活水平所需的生活用品的信息，如名称、规格、性能、用途等，并告诉人们，如何利用这些产品去改善自己的生活。消费者根据自己的实际情况和实际需要，选择适合于自己生活的日用消费品和耐用消费品，从而使自己的生活条件有所改善，生活水平有所提高，为自己的家庭生活或日常工作提供方便。

2. 广告对消费者个人消费的刺激

广告能够帮助消费者对个人消费品进行选购，指导消费者合理地采购物品以改善个人或家庭的生活条件和工作条件，这是广告最起码的功能。广告还有一项重要的功能，这就是刺激消费者的个人消费。广告的连续出现，就是对消费者的消费兴趣与物质欲求进行不断的刺激，从而引起消费者的购买欲望，进而促成其购买行为。

广告刺激消费者的需求，包括两个方面的内容。一方面是在产品刚上市时刺激其初级需求，即着重于介绍新商品的特点和用途，从而激发消费者的初级需求欲望，使之认为拥有这种新的"高档"消费品是一种荣耀，因而产生购买欲望，进而促进购买行为，实现对产品的购买和消费。同时，广告还将尽可能地给消费者不断的信息刺激，使产品成为消费者生活中必不可少的东西。另一方面是在市场上已有众多产品时刺激其选择性需求。企业通过广告不断地宣传和突出自己不同于其他品牌的同类产品的优异之处，从而刺激消费者产生"既然要买，就要买最好的"的购货心理，刺激消费者产生对本产品的购买欲望，进而促成其产生"指牌认购"行为。

广告在指导和刺激消费方面，往往还有创造流行商品和促成时尚的作用。许多流行性商品的出现和流行，无不与广告宣传中对特定社会阶层（如少男少女们）提出针对性的广告诉求、使目标市场中的消费者产生一致的购买行为有关。

3. 广告对消费者的知识传授

现代广告，五花八门，宣传着各种各样的新商品，同时，也在给消费者传授着各种各样的有关生活、工作的新知识。由于现代广告有很大一部分是宣传新发明、新创造的产品，它必须花相当的时间去详细讲授和介绍这些新发明和新创造的原理和产品的工作机制，介绍产品的特性、用途和使用方法，从而通过广告简洁地把有关新发明、新创造的知识传授给大众。因此，经常注意广告的人，尤其是注意有关新产品介绍的广告的人，可以获得许多知识，了解许多新的发明和创造，从而增长知识，扩大视野，活跃思维。如无梁楼板的出现使广大消费者知道，在建造房子时采用无梁楼板，可以节约建设费用，增加楼层高度。铁器制品长久不用后，容易生锈，擦洗是一大困难，"除锈净"的出现，就解决了生活中的这一大难题，而防锈油纸的出现，更使这一问题从根本上得到解决。当时在对这种纸的工作原理进行介绍时，广告告诉消费者，在制造这种纸时，并不是将防锈油剂涂在纸张上，而是将防锈油剂渗浸于纸的纤维中。其工作原理是，在防锈油纸包着铁器制品的表面时，纸纤维中的防锈剂分子逐渐氧化，使隔层中的氧气消耗殆尽，同时，氧化后的防锈油剂分子吸附在铁器的表面，使铁器的表层不再活化，从而抑制了铁器的氧化现象——生锈的发生。在这则广告中，就包含了许多科学知识。

综上所述，广告和消费者之间的关系，并不只是简单地向消费者推销商品。站在消费者的立场上，研究广告与消费者双方的关系，可以列举出许多对消费者有益的影响因素。

[1] 陈培爱.广告学原理[M].上海：复旦大学出版社，2009.
[2] 陈培爱.现代广告学概论[M].北京：首都经济贸易大学出版社，2013.
[3] 陈培爱.广告原理与方法[M].厦门：厦门大学出版社，2007.